U0144454

沈從文小說理論與作品新論

——沈從文小說理論、批評、代表作的新解讀

王 潤 華 著

現代文學研究叢刊
文史哲出版社印行

國家圖書館出版品預行編目資料

沈從文小說理論與作品新論：沈從文小說理論、批評、代表作的新解讀 / 王潤華著. -- 初版. --. 臺北市：文史哲, 民 87
面 ； 公分. -- (現代文學研究叢刊 ; 2)
ISBN 957-549-148-3 (平裝)

1. 沈從文 (1902-1988) - 作品集 - 評論

857.63 87007540

現代文學研究叢刊 ②

沈從文小說理論與作品新論

—沈從文小說理論、批評、代表作的新解讀

著者：王潤華
出版者：文史哲出版社
登記證字號：行政院新聞局版臺業字五三三七號
發行人：彭正雄
發行所：文史哲出版社
印刷者：文史哲出版社
臺北市羅斯福路一段七十二巷四號
郵政劃撥帳號：一六一八〇一七五
電話 886-2-23511028・傳眞 886-2-23965656

實價新臺幣三二〇元

中華民國八十七年六月初版

ISBN 957-549-148-3

沈從文小說理論與作品新論

——沈從文小說理論、批評、代表作的新解讀

序

王潤華

一

1949 年以後，沈從文作品的出版與研究，在大陸與台灣，都遭遇到相同的不幸命運。1949年以後，沈從文因爲被政治當權者指爲「反動作家」而完全被否定其文學成就。目前大陸研究沈從文的學者如邵華強、凌宇、吳立昌、王繼志、賀興安等人的著作，都是在1980年以後才出版。凌宇是大陸沈從文研究早期開拓者，他在1970年於上海華東師大畢業之前，沒讀過一篇沈從文的作品。他在1980年發表的〈沈從文談自己的著作〉(1980 年第四期《中國現代文學叢刊》)，竟被看作1970年以後「三十年來國內第一篇研究沈從文創作的文章」。王繼志也承認，1965年南京大學中文系畢業時，他「也未讀過一篇沈從文的作品，甚至連沈從文是何方人氏都不知道」。他是在1980年才開始閱讀沈從文的小說。目前大陸的重要專書，如凌宇的《從邊城走向世界》(1985)、吳立昌的《沈從文——建築人性神廟》(1991) 及王繼志的《沈從文論》(1992)，都是近幾年才出版的。說起來難以令人相信，1949年以後，大陸在三十年內只出版過《沈從文小說選集》(1957)，其餘沈從文的作品如《沈從文小說選》及《沈從文文集》都是在1982年才出版。

在台灣，由於沈從文被看作共產黨或左派作家，在1980年代以前，其作品與研究都被查禁。目前台灣研究沈從文的著述，如鄭樹森、王德威、彭小妍等人的論文或專書，都是在 1980 年代中期以後才出版的，像彭小妍的《沈從文的前衛風格與原始精神》（Antithesis Overcome，1994）與《超越寫實》（1993），都是1990年以後才出版的專書。

美國與日本的沈從文研究，雖然早在1960年代就進入大學課程與學位論文裡，但是多數停留在學院內，並沒有出版。較爲廣爲流傳的如聶華苓的《沈從文》（1970）與金介甫的《沈從文傳》（The Odyssey of Shen Congwen，1987）等書到了七、八十年代才出版。而日本重要的沈從文研究，如小島久代、城谷武男與尾崎文昭的論文，都是在 1980 年代中期以後才出現的。

二

作爲一位重要的現代作家，由於種種政治原因，使得學者們對沈從文的研究相當忽略。我自己在1973年以來，從南洋大學到新加坡國立大學，沈從文的作品一直是我在大學所教授的比較文學、中國現代文學導論及中國現代文學專題研究等課程中重要的內容。我指導的研究生論文，也常以沈從文的專題作爲研究對象。沈從文的小說名作，如〈邊城〉、〈丈夫〉、〈三三〉、〈醫生〉、〈靜〉、〈新與舊〉、〈菜園〉、〈貴生〉、〈旅店〉、〈柏子〉、〈七個野人與最後一個迎春節〉、〈生〉、〈阿金〉、〈夫婦〉、〈雨後〉、〈三個男子與一個女人〉等等，每年輪流成爲我教學與討論課上的重要課題。我的研究生，受了我的影響，也喜愛把沈從文當作學位論文研究對象，目前已完成的論文有劉秀美的《沈從文的散文研究》（1989）、余平光的《沈從文的鄉土小說》（1989）、黃奕生的

《沈從文的文論研究》(1993)、許順良的《沈從文小說中人物的死亡及其主題意義》(1994)、梁其功的《沈從文作品中城鄉主題的比較研究》(1994) 及梁定否的《沈從文的苗族傳奇小說研究》(1995)。

三

因爲教學上的需要，我每年都細讀沈從文的作品，然後跟大學部學生與研究生一起思考與分析，可是自己卻很少把一些心得寫成文章。最近檢查一下，就只有這十一篇文章值得收集成書。這十一篇論文順序可分成三組：㈠第一篇；㈡第二至第五篇；㈢第六至第十一篇。這三個組合代表我嘗試從三大層面，以三種批評視野來研究沈從文的小說。在第一篇論文中，我論析政治刪改及其他審查造成對沈從文極大的曲解與破壞。大陸的出版社，到目前爲止，爲了官方能接受沈從文，把沈從文在1949年以前的作品都加以政治刪改、過濾，甚至淘汰。譬如最早的《沈從文小說選集》(1957)，遲至1982年出版的《沈從文文集》，就是如此。〈丈夫〉由於修改者具有預設的政治立場，把「地方實在太窮」、「上面的人拿去一大半」等字句增補上去，整篇小說的內涵便因政治意義而變成很簡陋，失去其複雜性。譬如〈菜園〉中，原來玉家兒子的死因只是「政府要緝捕的人」變成「共產黨」。這篇〈菜園〉本來是寫白色恐怖的，卻變成具有紅色意識的作品，它使沈從文變成不折不扣的反國民黨的左派作家。而一些學者，爲了替沈從文塑造大陸官方接受的新形象，太過急於從政治上爲沈從文辯白，結果反而忽視了作品更深一層的複雜意義。《沫沫集》是在1949年以後出版的，幾乎一半的文章被掉換過。被刪改過的作品、不完整的作品集子，對沈從文的小說造成極大的破壞與曲解，沈從文文學世界的多面性、完整性、複雜性也就因此全失去了。尋找與恢復沈從文作品之原貌，根據完整與政治刪改的沈從文的作品去作分析，才能重新認識眞正沈從文的文學世界。

第二組的〈沈從文小說創作的理論架構〉、〈從艾略特「詩人批評家」看沈從文的文學批評〉、〈沈從文論魯迅：中國現代小說的新傳統〉及〈沈從文的「都市文明」到林燿德的「終端機文化」〉四篇，都是探討沈從文對小說藝術的試驗與探求。作爲中國現代作家中少有的前衛主義作家，沈從文嚮往原始主義，喜愛用超現實的新觀點來理解生命，同時又敢於嘗試以全新的語言文字來進行創作及理解生命的各種形式。他永遠「企圖從試探中完成一個作品」。

沈從文嘲笑憑著高尙目標或理想概念去寫作的作家，他要小說包含著社會人生現象與夢幻現象，他說小說不單是描寫眼見的狀態，更要寫一切官能感覺。沈從文要小說家超越現實，進入夢像，進入一般作家不能到達的地方，描寫眼睛看不到的狀態，探索人類的靈魂或意識底層。他的目的是要發現人，重新對人給予詮釋，甚至把已經破破碎碎的生命與靈魂粘合起來。他要努力創作的，是揉詩、遊記、散文與抒情幻想成一體的小說、描寫被現代文明逐漸毀滅的鄉村小說、用鄉村中國的眼光打量城市的小說。沈從文就是這樣一位具有巨大野心的藝術家，他的這些創作理論架構，能幫助我們打開他一篇篇小說的奧秘。

第三組從〈論沈從文《邊城》的結構、象徵及對比手法〉到〈世紀末思潮在沈從文《旅店》中留下的痕跡〉共六篇，解讀了沈從文各種代表作，證實沈從文小說的前衛性、複雜性與藝術性。他在上述有關創作理論與對當代小說的考察，就是爲自己努力創作的小說爭取承認，建設其新的小說傳統。

四

當這本《沈從文小說新論》出版成書時，我要感激《南北極》、《漢學研究》、《書目季刊》、《中國現代文學理論季刊》、《名作欣賞》、《21 世紀》、《新加坡國立大學中文系學術論文》等學術期刊，本書中有七篇論文曾在上面發表，另外四篇論文先後在台北舉行的《中國現代文學教學國際研究會》（1993，中國文化大學）、《當代台灣都市文學研討會》（1994）及《中國社會與文化國際學術研討會》（1996）中的《近現代中國文學理論與批評》小組上宣讀，承蒙許多學者加以指教。《從艾略特「詩人批評家」看沈從文的文學批評》最早在北大由中文系主任孫玉石教授與比較文學研究所所長樂黛雲教授（1993）主持下的一個座談會上提出，承蒙北大教授及研究生加以批評與指教。《沈從文論魯迅：中國現代小說的新傳統》是仙台東北大學舉辦的魯迅仙台留學 90 週年紀念國際學術文化研討會的論文。沒有以上這些協助與鼓勵，這本書恐怕至今還未完成，因此我要表示衷心的感謝。另外我的許多朋友，特別是北京中國現代文學館吳福輝副館長、復旦大學陳思和教授、北大中文系嚴家炎教授、湖南師範大學中文系凌宇教授，高雄師範大學周昌龍教授，還有我的恩師周策縱教授，在我研究沈從文期間，曾給予多種鼓勵與協助。文史哲出版社發行人彭正雄先生肯出版現代文學著作，開拓現代文學的研究，我對他的遠見與勇氣，感到非常敬佩。

本書的每篇論文，第一個讀者是我的太太淡瑩（劉寶珍），她替我打字時，總耐心地替我修改文句或質疑論文中的論點與分析方法，是最早使我反省與考驗我的論點與看法的一流讀者，因此我謹將此書獻給她。

1.

從魯迅與沈從文作品的版本看中國現代小說版本的問題

一、世界性的困境和危機

本文所用中國現代文學一詞，是指1917年至1949年之間的白話文學。我也遵循目前的慣例，把中國大陸1949至1976年間的文學稱爲當代文學，1976年以來的爲新時期文學。至於台灣自1950年代發展的文學，我就簡稱爲台灣文學，不管作者出生長大的背景或目前居住的地方。

我選擇了魯迅（1881－1936）與沈從文（1902－1988）來說明中國現代文學研究與教學的困境與危機，因爲他們始終是我大學裡最喜歡教授和研究的課題。從實際教學與研究經驗出發，把個人所遭遇到的困境和面臨的危機寫出來，比從純粹理論出發要有意義。由於我個人研究環境的特殊，我敢說，這些困境與危機絕不止出現於新加坡，而是世界性的。

我選擇了魯迅與沈從文的研究作爲例子，也不純粹是出於巧合或個人興趣，更因爲他們兩人的研究情況，是兩個最極端的例子。魯迅從他寫作成名後，從三十年代到今天，不管反右派運動或文化大革命，除了台灣在五十年代至七十年代禁止教授與研究，是唯一最受重視的作家，魯迅研究在全世界（台灣例外），成爲一種大量生產的工業產品。夏志清說：

> 魯迅是中國最早用西式新體寫小説的人，也被認爲是最偉大的現代中國作家。在他一生最後的六年中，他是左翼報刊讀者群心目中的文化界偶像。自從他於1936年逝世以後，他的聲譽便越來越神話化了。他死後不久，二十大本的《魯迅全集》就立即出版，成了中國近代文學史的大事。但是更引人注目的是有關魯迅的著作大批出籠：回憶錄、傳記、關於他作品與思想的論著，以及在過去二十年間，報章雜誌上所刊載的紀念他逝世的多得不可勝數的文章。中國現代作家中，從沒有人享此殊榮。①

夏志清發表上面的評論時，他還未看見魯迅研究在1970年代以來更興盛的情形，要不然他會更加震驚。

反看沈從文研究，1949至1980年間，在中國大陸與台灣，幾乎可說一片空白。凌宇說他在1979年寫的一篇論沈從文的論文，竟變成「三十年來國內第一篇研究沈從文創作的文章」，不但如此，1949年後，連他的作品也幾乎絕跡，凌宇說：

> ……三十年來，國內僅出過一本《沈從文小説選集》；原有的各版舊作，即便是全國各大圖書館，業已嚴重殘缺，甚至查不到一份像樣的沈從文著作研究資料目錄；對於他的研究，留下的只是一片空白。②

沈從文自己也感慨萬千，當他知道海峽兩岸書局都不出版他的著作：

> ……我的作品，早在五三年間，就由印行我選集的開明書店正式通知，説是各書已過時，凡是已印未印各書稿及紙型，全部代爲焚毀。隨後是香港方面轉載台灣一道明白法

令，更進一步，法令中指明一切已印未印作品，除全部焚毀外，還永遠禁止再發表任何作品。這倒是歷史上少有的奇聞。③

可是儘管魯迅與沈從文的研究情況非常不同，一個被中共捧爲文藝戰士，推崇爲國家英雄，一個被定罪爲「反動作家」，我在教學與研究時，仍然遇到很多困難，這些問題雖然不相同，但都會給現代文學研究造成嚴重的危機。

二、魯迅作品：束縛讀者思索與理解的注釋本

《魯迅全集》至今共出版過二十多版，如果把翻印次數的算在內，數目更多。另外《魯迅全集》中各冊的單行本所印的版次，數目多到無從計算。魯迅的作品是現代文學作家中流行最廣的。對讀者與研究者，可說最方便、最容易得到他的作品。可是對一個長期在大學教授與研究魯迅的人來說，問題還是不少，如果我們對魯迅作品版本有些基本的認識。

魯迅在 1936 年逝世，第一版的《魯迅全集》在1938年 8 月就出版了，由魯迅先生紀念委員會編輯，共二十卷（冊）。收入當時所能搜集到的一切著作，包括譯文與輯錄的古籍。這是中國現代作家中第一套多部全集。中華人民共和國成立後，重新編輯《魯迅全集》，於1958年由人民文學出版社出版，由二十卷縮減爲十卷（冊），只收魯迅的著作，翻譯及輯錄古籍都刪除掉。編者給魯迅的著作加了注釋，共五千八百多條，近54萬字。四人幫倒台後，《魯迅全集》又大大「翻修」一番，1981年由人民文學出版社出版，共十五卷（冊），內容增加了許多過去未收的文章和書信，譯文和輯錄古籍則不收，只把譯作和古籍中的序跋各匯爲一集。在「1958年版」的基礎上修改和增加注釋，共 23400 條，

近187萬字。④

《魯迅全集》二次重大重編，都是在中國出現過震撼世界的政治變化之後，「1958年版」是因爲中共在大陸政權的建立，「1981年版」是在文化大革命結束之後。很顯然的，「重編」是出於政治的壓力和需要。譯作嚴格說起來，不是著作，收入全集，「是不夠科學的」，但要研究魯迅思想及文學的成長與影響，怎樣受了日本、俄國文學與西方之影響是萬萬不可缺少的資料。沒有譯作與輯錄古籍的《魯迅全集》，不能代表完整的魯迅著作，我們看不見完整的魯迅藝術成就與精神思想面貌，以及他在中國文化上的歷史地位。我敢說，1949年《全集》所以不收入，主要魯迅許多譯文如叔本華和象徵主義的作品，不能爲中共所接受。1972年美國總統尼克遜訪問中國，周恩來總理指示贈送給他一套《魯迅全集》，爲了表示魯迅的偉大，一位世界性作家，對中國文化有深遠的影響，他也吸受過世界文化，人民文學出版社才匆忙趕印1938年版的《魯迅全集》，不是1958年出版的沒有譯文的《魯迅全集》。⑤今天當我們要查閱魯迅完完整整的著作並不容易，因爲譯文不但被逐出 1949 年以後的《魯迅全集》，而且大陸在 1958 年出過一次，以後再也沒有出版譯文集了。

魯迅作品被刪改的地方不多，也不算嚴重，編輯用的是另一種方法。譬如擔任1981年版《全集》的一位重要編輯李文兵說:

> 十卷本中還有一些改動了不應當改的地方。如魯迅文章中使用的「拳匪」、「清黨」、「流寇」、「革命政府」一類當時的用語，十卷本統統在這些用語上加了引號，藉以表示貶意，但作者生前的版本和文章最初發表報刊上，一般都沒有加用引號，這是和當時的歷史條件或思想認識有關的，今天不宜代表作者加用引號。

因此在政治與文學較自由的 1980 年代,「這一類情況,在新版中都恢復了原樣。」李文兵說,「1981年版」的全集,因此,所收著作更精確,更接近原貌,爲讀者提供了一個比較可靠的版本。⑥

王錫榮在對「1958 年版」也指出:

> 這版全集也不可避免地帶了一些當時政治痕跡,例如某些注條欠客觀,書信只收三百餘封,這是它的不足之處了。⑦

根據王永昌的報告,1958 年出版全集前,已搜集到一千一百餘封,可是編者沒有把當時收信人政治情況不好的信收入,因爲信件是用政治審查制度來挑選,故收入《全集》中只有334封。到了「1981年版」《全集》,凡搜集到的1456封全都收入。而《魯迅日記》由於牽涉的人物太多,並沒有收進去,它在1951年曾影印以單行本方式出版,也只印了 1050 本。⑧

由於編注者們賦予於大量的心血,《魯迅全集》注釋本對於讀者方便多了,它的流傳更快。「1958年版」《全集》(十卷本)有230萬字,而注釋本身就有54萬字;1981年版的《全集》(十五卷本),共有400萬字,注釋文字共187萬字,從原文與注釋數字之比例,使人驚訝編輯對注釋之重視程度。⑨注釋主要任務是向讀者提供他們所不熟悉的背景、事件、社團等情況和資料,以幫助讀者理解著作的內容,不能以注者的看法代替著作本身的論述,尤其不宜於解釋作品的含意,但正如王錫榮對十卷本的全集所說:「不可避免地帶了一些當時政治的痕跡,例如某些注條欠客觀。」從大陸以外的學者來看,十五卷本也同樣有「政治痕跡」。從魯迅衆多注釋本中,最有政治色彩的注釋,通常出現在單行本中,如李文兵指出:「十卷本的絕大多數注釋所以能經得起時間的檢驗,而後來一些隨著政治風向的變化而摻入水分的注釋本幾乎是短命的。」⑩

《魯迅全集》很顯然在導讀之外，有束縛讀者的思索和理解的政治目的，甚至有歪曲作者原意之企圖，這對研究魯迅的年輕學生和普通讀者是危險的。我細讀《魯迅研究百題》裡的文章，那是《魯迅全集》十五卷本的編注專家寫的校注隨筆，他們對這新版本之前的意見，便充分反映了政治鬥爭也在魯迅的作品注釋中進行。再讀《魯迅著作版本叢談》，更佩服中國大陸文藝當權派爲了維護魯迅神的形象，所作出的種種努力。

三、神化魯迅的研究資料

《魯迅全集》及其單行本的出版情形，是要推銷魯迅是一個擁護共產黨的作家形象。因此要把這位文化革命主將塑造成不但是偉大的文學家，而且是偉大的思想家和偉大的革命家。我在〈從魯迅研究禁區到重新認識魯迅〉一文中曾指出，在神化魯迅的過程中，學者不但盡力消除和遮掩事實，以免損害魯迅的光輝革命形象，連小說中的原型人物也在保護之中。魯迅與髮妻朱安的生活，在1980年代以前，一直是個禁區，許多傳記不是一筆帶過，就是索性不提。魯迅曾參加縣考、《長明燈》曾發表在國民黨的《民國日報》上，以前學者都盡量遮掩。小說《故鄉》中的閏土一向被肯定爲代表舊制度損害和壓迫的農民典型人物，這位小說中人物的模特兒章運水（也有其父親章福慶的影子）也被描繪成典型農民，關於他是一個庸俗迷信、婚後與一寡婦要好，鬧到與妻子離婚的事實，也盡量遮掩。⑪

官方的《魯迅全集》是爲官方或半官方的魯迅讀者，有政治傾向性的研究而準備。譬如把魯迅翻譯日本、西方文學理論與作品從《全集》中抽掉，就很容易使人相信，魯迅只主張寫實主義，因爲魯迅的翻譯作品流傳不廣，普通的讀者不容易看到，既然不知道魯迅喜愛並翻譯了廚川白村代表頹廢文藝心理學的《苦悶的象徵》、叔本華的《察拉圖斯忒拉》、安特萊夫的《黯淡的煙靄裡》，當然一般大陸的讀者就接受魯迅是完完整整的寫實主義作家的結論，更何況像《魯迅論創作》、《魯迅論文學與藝術》等選集，受了禁區劃分的影響，都故意遺漏掉像《〈黯淡的煙靄裡〉譯後記》與《〈一篇很短的傳奇〉後記》的文章，因爲在這些文章裡，魯迅曾對這種「資本主義社會文化墮落現象」的象徵主義表示欽佩。⑫十五卷本的《魯迅全集》在比較開放的1985年出版，雖然譯文仍然沒有被收入，卻收入《譯文序跋集》，接著大陸學者便打破禁區，紛紛把象徵主義歸還給魯迅，嚴家炎說：

> 它們早已是客觀的實在。長期以來，或者由於認識上的限制，或者由於受了現實主義獨尊論的影響，我們往往較少提到魯迅小說中的浪漫主義（特別在1958年以前），而對象徵主義則乾脆視而不見，不承認它的存在。這就把魯迅小說的創作方法理解得相當狹窄，封閉了本來應該是寬廣的創作道路……

神化魯迅的高潮，也是最典型的神化例子，應該是沈鵬年發表的〈周作人生前回憶實錄：毛澤東到八道灣會見魯迅〉一文，當時是1982年，魯迅、毛澤東與周作人都早已作古多年，無從查證。沈鵬年說是1960至1961年間與周作人談話中挖掘出來的新史料。毛澤東在1920年 4 月 7 日到北京八道灣拜訪了魯迅，「兩人意氣相投，一見如故地暢談了半天」，而且還說，毛澤東辦《湘江評論》時，每期都要寄二本給魯迅和周作人。這一篇爆炸性傳記資料，驚動全世界魯迅學者，也忙壞了大陸少數認眞的魯迅專家，他們日夜去求證考辯，結果證實毛澤東當天眞的去過北京魯迅的家，不過是去拜訪周作人罷了，魯迅並不在家。另外胡喬木在 1954 年因主持《魯迅全集》注釋工作，曾面詢毛澤東，他斷然說沒有。⑬

四、首先回到魯迅那裡去

王富仁在一本研究魯迅小說的前言裡，大喊「首先回到魯迅那裡去」。⑭那就是說，要重新認識魯迅，先要把神化的魯迅還原爲人，要重新評價魯迅的作品，首先要把政治框框打破。在神化魯迅研究資料多達論噸計算，非用開山的推泥機不能移走的今天，在教學與研究中，要重新認識眞正的魯迅，路途還是漫長!

幸好台灣當局對魯迅的戒嚴令也剛剛解除，台灣及海外一些學者「右傾」的偏見的視野也正要重新調整過來。中國大陸的魯迅研究及資料出版逐漸突破許多禁區，因此我相信眞正的魯迅，實事求是的研究，在二十一世紀便會出現在世界各國的魯迅研究著作中。⑮

五、大陸沈從文權威在大學裡沒讀過沈從文的作品

我在前面說過沈從文的舊作品出版及研究，1949 年以來在海峽兩岸遭遇的命運是相同的。台灣在1980年以前，沒正式出版過一本沈從文的現代文學作品，在大陸，1949年後，三十多年間只出版過一本《沈從文小說選集》。⑯所以大陸目前幾位研究沈從文的權威都是在1980年才崛起的。不但如此，他們都承認在1980年左右才開始閱讀沈從文的作品。淩宇在1970年畢業於上海華東師大，在大學期間，雖閱讀過現代文學史，卻沒讀過一篇沈從文的作品。他接觸沈從文是1979年到北京大學讀碩士，跟隨王

瑤、嚴家炎和樂黛雲才開始。⑰王繼志於1965年畢業於南京大學中文系，他說：「在大學讀五年竟未讀過一篇沈從文的作品，甚至連沈從文是何方人氏都不知道。」1980年，爲了給外國學生進修中國現代文學，他才開始閱讀。⑱吳立昌在1981年還說：「解放後的中青年讀者知道沈從文恐怕爲數不多，因爲他早從文壇隱退，以前的舊作，僅在1957年出版過一本《沈從文小說選集》，也只印了兩萬多冊，就像撒胡椒一樣，早已湮沒無聞。」⑲

在大陸，沈從文被完全否定，因爲他是資本家、反動作家，作品不寫壓迫和剝削，沒有表現階級鬥爭，把農村寫成世外桃源。而在台灣他是共產黨。金介甫在1975年開始研究沈從文，到台北搜集資料時說：「我知道沈在台灣倒受重視（他的作品曾被查禁，因而非常珍貴）。但那裡的一位圖書館管理員聽說我在搜羅沈的著作，想當然地說了一句：『沈從文？他是共產黨？——他沒有到台灣來。』」⑳

凌宇的第一篇論文在1980年發表，是1949年以後「三十年來國內的第一篇研究沈從文創作的文章」。目前大陸出版的幾部重要的研究沈從文的專書，如凌宇的《從邊城走向世界》（1985）與《沈從文傳》（1988），吳立昌的《沈從文作品欣賞》（1988）與《沈從文——建築人性神廟》（1991），王繼志的《沈從文論》（1992），都是近幾年才出版的。㉑如果不是西方與日本在1960年代就開始把沈從文納進大學課程與學位論文內，沈從文研究眞是在1985年前一片空白。㉒

六、政治刪改對沈從文小說破壞之嚴重性

所以目前沈從文研究與教學所遭遇到的困難是另一種情況，其中最嚴重者恐怕是作品的刪改和查禁。一篇小說，爲了符合政

治之需要，把原文刪改幾段或十幾個字，主題意義就被歪曲了。被刪改和歪曲的沈從文小說，最被學者忽略，多數學者似乎並未注意到其嚴重性。如果編輯和出版社繼續採用被政治刪改過的作品，學者在評析時也隨意引用壞版本的作品，長期下來，必然會導致現代文學研究的極大危機。

先說1957年出版的《沈從文小說選集》，它是1949年以後唯一出版的沈從文的舊作品。凌宇用下面這段含蓄的文字來說明它的出版經過：

> 1957 年 2 月，毛澤東在最高國務院會議第十次擴大會議上，發表了《關於正確處理人民內部矛盾》的講話，正式提出了「百花齊放，百家爭鳴」的繁榮和發展文學藝術的方針……
>
> 一本由人民文學出版社組織選編的計29萬餘字的《沈從文小說選集》的書稿，送到了沈從文手中……㉓

沈從文雖然還爲這本選集寫了一篇〈選集題記〉，並不代表他的選擇，因此沈從文在題記中暗地隱藏著這一句話：「習作中文字風格比較突出，涉及青年男女戀愛抒情事件，過去一時給讀者留下印象的，怕對現在讀者無益有害，大都沒有選入。」㉔理由很簡單，這部選集是「一本由人民文學出版社組織編選的。」這本《沈從文小說選集》共收22篇小說，大多數篇末都有注明1957年「校正」、「改字句」，或「重校」，這些字眼絕不是糾正錯別字或句子潤飾，主要是政治刪改。這本1957年的《沈從文小說選集》是目前各種被政治教條修改過的版本的主要源頭。

1957 年以後，中國大陸具有官方代表性的《沈從文小說選》上下二集（北京人民文學出版社，1982），共收50篇小說，基本上是《沈從文小說選集》的擴大本，原來的22篇小說，除了〈生存〉一篇例外，全部收入，而且所根據的版本，都是《沈從文小說選集》裡1957年政治性刪改過的版本。《沈從文文集》（香港三聯與廣州花城出版社，1982）也是全用1957年的政治刪改本。至於那些沒有收集在1957年的刪改本的小說，當然逃過政治的無情大刀，可是《沈從文小說選》與《沈從文文集》的編者也向其他小說開了刀，雖然那時已是文藝比較自由的1982年了。譬如《沈從文小說選》的編者凌宇在〈編後記〉中承認「選集中一些篇章，徵得作者同意，個別地方作了些許刪節。」㉕同樣的，所謂「同意」是沒有任何意義的。

如果我們小心把 1957 年出版的《沈從文小說集》與1982年的《沈從文小說選》兩本集子中被刪過的小說與沈從文原來的作品比較，我們會很驚訝的發現，雖然改動的字句不多，往往一篇小說中，只有一二處，但是絕大多數具有「動一髮而牽全身」之影響力，像〈柏子〉中描寫性交動作的文字被刪改後，對全篇小說的主題意義影響還不大，這樣的例子反而很少。〈丈夫〉在「1957年 3 月重校」之前，其中第十二段是這樣的：

> 這樣丈夫在黃莊多著！那裡出強健女子同忠厚男子，女子出鄉討生活，男人皆明白這做生意的一切利益。他懂事，女人名分仍然歸他，養得兒子歸他，有了錢，也總有一部分歸他。㉖

在「1957 年 3 月重校」之後，（即收入《沈從文小說選集》那篇），增加了幾十個字，目前各種版本所收集的〈丈夫〉都是依據以下的 1957 年「重校」本：

> 這樣丈夫在黃莊多著！那裡出強健女子同忠厚男子。地方實在太窮了，一點點收成照例要被上面的人拿去一大半，手足貼地的鄉下人，任你如何勤省耐勞的幹做，一年中四

分之一時間，即或用紅薯葉和糠灰拌和充饑，總還是不容易對付下去。地方雖在山中，離大河碼頭只二十里，由於習慣，女子出鄉賣身，男人皆明白這做生意的一切利益。他懂事，女子名分仍然歸他，養得兒子歸他，有了錢也總有一部分歸他。㉗

很顯然的，修改者具有預設的政治立場，一旦把「地方實在太窮」，「上面的人拿去一大半」等扯進來，整篇小說的內涵便起了政治意義上的變化，婦女做妓女，完全是被腐敗的國民政府所逼。其實原來沈從文寫的只是一種生活的形式，一種奇風異俗，經過人民文學編輯部修改過後，小說變成一篇左派味很重的作品，主題是描寫生活在水深火熱下，良家婦女被逼爲娼，目的是要控訴當時執政的國民政府。這種預設的政治立場，有時只要改動三言兩語，就能貫徹全篇小說中。譬如沈從文的〈菜園〉，原來玉家兒子的死因是「政府要緝捕的人」：

……三天後大街上貼了告示，才使她同本城人同時知道兒子是政府要緝捕的人……㉘

「1957 年校正字句」之後，變成

……三天後大街上和城門邊才貼出告示，才使她同本城人同時知道兒子原來是共產黨……㉙

從「政府要緝捕的人」變成「共產黨」，〈菜園〉的色彩便完全變色，使沈從文成爲不折不扣的反國民黨的左派作家，更何況這「1957年校正字句」本中，還多加了下面的政治文字，在1957年以前的版本是沒有的：

地方一切新的變故甚多，隨同革命、北伐，……於是許多壯年都在這個過程中，死到野外，無人收屍因而爛去了，也成長了一些英雄和志士先烈，也培養了許多新官舊官。

> ……於是地方的黨部工會成立了，……於是「馬日事變」年輕人殺死了，工會解散黨部換了人，於是從報章上消息，知道北京改成了北平。
>
> 地方改了北平，北方已平定，彷彿眞命天子出世，天下就快太平了。在北平地方的兒子，還是常常有信來，寄書報則稍稍少了一點。

〈菜園〉寫從北京前來鄉下隱居的玉家，種白菜爲生，通篇白色的景物特別多，如白雪、白菜、白雞、白牆、白衣，連兒子的心也「潔白如鴿子毛」，而人民文學出版社的編輯偏偏要塗上一些紅色的彩色。

像這些爲政治思想而刪改過的小說，一般編者都毫不覺察其嚴重性，反而當作最後訂正稿，收入沈從文的文集中。目前市面上重要的沈從文集子，如《沈從文文集》、《沈從文小說選》，甚至英譯《邊城及其小說》，㉚只要有被刪改過的，編者必然採用修訂本的小說。我們自然可以想像出，根據這樣版本的分析，所得出的結論會跟沈從文1957年前版本的小說精神或主題意義有極大的不同。在大陸的沈從文研究權威，如凌宇、吳立昌，他們對沈從文小說的分析，很多是根據1957年政治刪改本的小說，因此在結論裡，我們發現政治色彩便比原來的小說濃厚多了。〈菜園〉加上「共產黨」三個字及一段有關革命、北伐的現代史的概述，所以凌宇說像〈菜園〉這類小說，是「對國民黨的反動統治」的「批判與否定」。〈丈夫〉中的丈夫扔掉錢，〈貴生〉裡的貴生放火燒掉雜貨店，便被看作「揭示當時農村現實中存在的階級對立」。㉛

七、不完整的《沈從文文集》會造成對其作品的曲解

《沈從文文集》的〈出版說明〉說：

> 《文集》輯入沈氏的大部分文學作品，計小說八卷、散文二卷、文論一卷、自傳及其他一卷，共成十二卷。……是迄今爲止沈氏較完整的著作集。文集發排前既經沈氏親自審閱，因此可以訂正坊間版本的謬誤和錯漏。㉜

事實上所謂「既經沈氏親自審閱」，只是表面的客套手段，等於要他默認而已，沈從文又能做些什麼？所謂：「訂正坊間版本的謬誤和錯漏」，那是指錯別字和遺漏文字而已，那些因政治避諱而刪改的謬誤之處，沈從文根本無從反對，被整部或整篇抽掉的作品，也只好默認，所以「親自審閱」等於要作者默認編輯的選編與刪改。

除了政治刪改作品內容之外，有些作品，也在毫無說明之下，不收入沈從文極重要的集子，像〈看虹集〉、〈摘星錄〉、〈記丁玲續集〉，另外小說、論文極有代表性的，如〈舊夢〉、〈長夏〉、〈私通〉、〈野店〉、〈一種新的文學觀〉、〈作家間需要一種新運動〉，都被查禁了。《沫沫集》中把1934年大東書店的初版更換了幾篇，像〈論郭沫若〉被抽掉，〈魯迅的戰鬥〉被〈學魯迅〉代替。另外還有四篇也不見了。㉝

《沈從文文集》表現出另一種擔憂：大陸官方、半官方爲了接受沈從文，只好塑造新的形象，因此沈從文在1949年前的作品，都需要經過刪改、過濾，甚至淘汰。這樣沈從文的作品的完整性與多面性就逐漸失去了。自1980年代開始研究沈從文，不少研究也是朝向塑造能爲大陸官方接受的新形象。凌宇就坦白承

認:「由於太過急於從政治上爲沈先生辯白,結果反而忽視了作品更深一層的意蘊。」他曾爲〈大小阮〉中的小阮這樣定形象:「小阮是一個革命者,在險惡的社會環境裡百折不撓,爲理想獻身。」其實沈從文自己說,他要寫的,是小阮盲目的「左傾盲動。」㉞

八、中國現代文學研究的前景

中國現代文學研究在1960年代就開始被歐美大學納入大學課程和學位論文,到了1970年代則更爲重視。目前有兩本書記錄了這個發展歷史,那就是《關於中國之博士論文,1945－1970》及《關於中國之博士論文,1971－1975》。㉟在1945至1970年的25年中,研究中國文學的博士論文,共有142篇,其中38篇以中國現代文學爲研究課題,它占全部中國文學論文的百分之二六點七。而這38篇論文中,頭二篇完成於1947年,12篇完成於1951至1959年間,其餘24篇在1960－1970年間,由此可見現代文學研究在西方在50年代開始被接納,到了60年代,則日益受到重視,而到了1971至1975年,在五年內,中國文學博士論文竟猛增到116篇,其中33篇爲有關中國現代文學的論題,共占全部論文的百分之二八點四,這又說明了古典與現代文學成爲獨立學科後蓬勃發展的事實。可惜目前還沒有1976年以來的中國現代文學博士論文統計數目,因爲《關於中國之博士論文》第三冊還未見出版,我相信現代文學博士論文在過去二十年是一定大有增加,早已超過百分之三十。

細讀《關於中國之博士論文》中的現代文學論文篇目,我們又可以了解另一個事實:1945－1960年間的15篇論文中,歐洲占了11篇,而且以東歐最多,美國大學只有5篇,可見當時的研究重鎮在歐洲（特別是東歐與蘇聯）。可是從1961到1970，美國大大超越了歐洲，已遙遙領先，在30篇中國現代文學論文中，只有11篇出自歐洲大學，另一篇澳洲大學，其餘全是美國大學的產品。論文的分布地區很清楚地告訴我們中國現代文學在西方的發展情形。如果把美國、加拿大、英國、澳洲放在一起，這些英語國家地區的大學，便是當今中國現代文學研究在中國以外最重要的中心。

賴淑敏在1974年曾收集1945至1974年在歐、美、澳、香港、台灣、新加坡等地區之518篇有關中國文學之碩士和博士論文，亞洲大學占391篇，西方127篇。最奇怪的，37篇研究中國現代文學的論文中，全是出自西方大學（包括澳洲），亞洲大學（蘇聯不算在內，日本、中國大陸當時沒有資料，也不在內）竟沒有一篇。㊱這個叫人驚訝的事實，也同時說明中國現代文學研究在今日漢學界之崇高地位，是由於歐美大學領先承認其研究價值與地位所造成的。

在 1991 年的今天，中國現代文學研究的地位在世界各地已逐漸提高。在日本大學，丸山昇說，東京大學的研究生，有一半以中國現代文學爲研究對象，其他大學也大致如此。㊲不過在台灣、香港、新加坡、馬來西亞，研究中國現代文學的碩士學位論文大有增加，但博士論文似乎還未多見。在中國大陸，現代文學在大學的地位，自1976年以來，隨著碩士、博士班之設立，大量的研究生開始以現代文學作爲研究對象，這是令人欣慰的事。目前這些碩士和博士論文，很多已出版成書，構成每年極重要的研究成果。譬如王富仁的《中國反封建思想革命的一面鏡子：〈吶喊〉〈徬徨〉綜論》，原是1984年北京師範大學中文系的博士論文，陳平原的《中國小說敍事模式的轉變》，本是1987年北京大學中文系的博文論文，王友琴的《魯迅與中國現代文化震動》出自北京中國社會科學院1988年的博士論文。㊳由於學位論文都是由專家指導下苦心研究的學術成果，因此當它從學位論文經過修訂，出版成書，流入學術市場中，我們自然發現中國大陸的研究成果在十多年來已有重大的突破和驚人的創新。像上面提到的新崛起的沈從文研究著作，都是學術性較純的研究，比較能照顧到沈從文的多面性。

九、結論：從版本到獨立學科的重視

從上面簡略的對兩位作家的問題的分析，已足以說明1949年以前的中國現代文學作品，幾乎都逃不了政治審查的惡運。政治審查的形式千變萬化，如刪改內容、用注釋控制讀者的思考與理解、讓作品集子在不完整的情況下出現（抽掉一些，或既抽又補），眞是不一而足。同時像刪改、改變原貌的文集之出版，常常在作者的默認下出版，使人難以分辨是非。在大陸，一些認眞嚴肅的學者如嚴家炎，已開始呼籲研究現代小說，必須重視版本考訂和文字校勘：

> 長期以來人們有一個錯覺，以爲只有古代小說研究才需要考訂版本、校勘文字，現代小說研究則似乎不存在這類史料學上的問題。今天看來，事實並不盡然。老舍《駱駝祥子》的初版和五十年代的修改本，就有很大距離……㊴

因此五四文學距離今天，時間雖然不長久，經過因政治避諱而刪改，爲了遵循文學路線而大事修訂，現代文學作品的版本，已經複雜化，需要非常專門的學問來鑑定其眞僞，出版商要出版一本集子，學者要採用一本集子或引用一段文字，都需要小心鑑定版本後才能使用，現在大陸出版的集子中，又往往有些被刪改過，有些保持原貌，更叫人難以應付。

爲了防止政治刪改本的作品謬誤流傳，爲了向歷史負責，台灣、大陸，特別是台灣出版界與學術界應該趁早亮起紅燈，密切注意中國現代文學作品版本之眞僞問題。這樣我們不但能把台灣建立成研究五四文學的一個重要中心，而且做到了撥亂反正，搶救1949年前的現代文學研究之危機。

其次便是要擺脫過去幾十年受庸俗的社會學架構之影響，以政治鑑定代替文學評價的干擾與破壞。這種研究方法與視野，非代表官方的學者，倒是容易突破，像在台灣與大陸的情形來說，近年來已打破禁區，擴大研究領域，增加研究課題與方法，也調整研究視野。

從西方現代文學研究的發展經驗來看，要現代文學研究在整個中國文學研究中建立起其權威地位，首先大學研究機構和學者自己得承認研究中國現代文學本身是一種專業，是一門獨立的學科，王瑤在1984年仍說：「中國現代文學研究是一門年輕的學科。」㊵我想在台灣大學研究機構，它還沒有被承認擁有這種地位。

如果把研究紮根在學位論文中，教授與發揚工作由學術機構來推展，比較容易維持學術的水平與現代文學的尊嚴。一位在北京大學或南京大學的教授，恐怕再爛，也不會去捏造毛澤東去見魯迅的神話。

所以二十一世紀的中國現代文學研究，在中國大陸、台、港、新、馬等地區，應該先在大學及研究院建立起它的基地，以學院著作與學位論文作爲研究基礎，我相信以實事求是、冷靜客觀、具體細緻、紮實深入的中國現代文學研究便會出現。

注釋

① 夏志清《中國現代小說史》(台灣：傳記文學社，1979)，頁63。

② 淩宇〈風雨十載忘年遊〉見《長江不盡流》(長沙：湖南文藝出版社，1989)，頁326－359。

③ 沈從文〈一個傳奇的本事·1979年附記〉，《沈從文文集》(香港·廣洲：三聯·花城，1984)，第十卷，頁163－164。

④ 關於魯迅著作各版本之出版與編輯，見唐弢等《魯迅著作版本叢談》(北京：書目文獻出版社，1983)。

⑤ 王錫榮〈《吶喊》〉各版過眼錄〉，同前注④，頁58。

⑥ 李文兵〈新版《魯迅全集》有什麼特點?〉，《魯迅研究百題》(長沙：湖南人民出版社，1981)，頁28－40。

⑦ 王錫榮〈《魯迅全集》的幾種版本〉，同前注④，頁153－167。

⑧ 王永昌《魯迅書信搜集與成書經過述略》，同前注④，頁132－143。

⑨ 見王仰晨李文兵〈新版《魯迅全集》的編注工作是怎樣進行的?〉及李文兵〈新版《魯迅全集》有什麼特點?〉，同前注⑥，頁13－27，28－40。

⑩ 見上注⑨，頁29。

⑪ 王潤華《魯迅小說新論》(台北：東大圖書公司，1991)，頁1－26。

⑫ 我在這篇論文裡有詳盡的論析大陸過去三十多年如何拒絕承認魯迅喜歡象徵主義，見〈魯迅與象徵主義〉，《魯迅小說新論》，頁51－68。

⑬ 大陸追求史實的學者陳漱渝對這事實寫了系列專論來證明這是捏造的回憶，見陳漱渝《魯迅史實求眞錄》(長沙：湖南文藝出版社，1987)，頁227－273。

⑭ 《中國反封建思想革命的一面鏡子：〈吶喊〉〈彷徨〉綜論》(北京：北京師範大學出版社，1986)，頁9。

⑮ 我在〈從魯迅研究禁區到重新認識魯迅〉一文中有更詳細的討論，見前注⑪，頁1－26。

⑯ 《沈從文小說選集》(北京：人民文學出版社，1957)，共收小說22篇。

⑰ 見前注②，頁326－327。

⑱ 王繼志《沈從文論》(南京：江蘇教育出版社，1992)。

⑲ 吳立昌〈沈從文的「浮沈」與現代文學的研究〉《復旦學報》1981年第2期，頁41－45。

⑳ Jeffrey Kinkley，*The Odyssey of Shen Congwen*（Stanford：Stanford University Press，1987），p.1.

㉑ 凌宇《從邊城走向世界》（北京：三聯書店，1985)，《沈從文傳》（北京：十月文藝出版社，1988)；吳立昌《沈從文作品欣賞》（南寧：廣西教育出版社，1988)，《沈從文——建築人性神廟》(上海：復旦大學出版社，1991)；王繼志《沈從文論》（南京：江蘇教育出版社，1992)。

㉒ 關於沈從文研究在西方之著作，見 Donald Gibbs and Li Yun Chen，*A Bibliography of Studies and Translations of Modern Chinese Literature*（Cambridge，Mass：Harvard University Press，1975），pp.163－166，*The Odyssey of Shen Congwen*（注 20)，pp.369－385. 日本方面的成就，參見孫立川、王順洪《日本研究中國現當代論著索引》(北京：北京大學，1991)，頁258－259。

㉓ 凌宇《沈從文傳》，見前注㉑，頁452。

㉔ 沈從文〈選集題記〉，見《沈從文小說選》，頁 5。

㉕ 《沈從文小說選》第二集，頁501。

㉖ 引自《從文小說習作》(上海：良友圖書，1936)，頁56。

㉗ 《沈從文小說選集》，頁82。

㉘ 〈菜園〉最早發表於《小說月報》二十卷十號（1929年10月)，後收入《新與舊》(上海：良友圖書，1936)，引文出自《沈從文選集》(香港：文學出版社，1957)，頁162。

㉙ 《沈從文小說選集》，頁118。

㉚ Shen Congwen，*The Border Town and Other Stories*，tr.Gladys Yang（Beijing：Panda Books，1981）其中所譯〈蕭蕭〉與〈丈夫〉都是根據

1957 年的修改本。

㉛ 例子見凌宇《從邊城走向世界》，頁80，189－190；吳立昌《沈從文作品欣賞》，頁34－62。

㉜ 〈出版說明〉《沈從文文集》，第一卷，頁 3。

㉝ 我比較的版本是上海書店在1987年影印的《沫沫集》（1934大東書店版），這是《中國現代文學參考資料》之一種。

㉞ 見前注②，頁337－338。

㉟ Leonard Gordon and Frank Shulman (eds.), *Doctoral Dissertations on China, 1949－1970* (Seattle: University of Washington Press, 1972); Frank Shulman (ed.), *Doctoral Dissertations on China*, 1971－1975 (Seattle: University of Washington Press, 1978).

㊱ 賴淑敏《世界各國關於中國語文哲學高級學位論文之分析及目錄》，1975年南洋大學中文系榮譽論文（王潤華博士指導）。

㊲ 王潤華〈中國現代文學研究在日本〉，見《學術論文集刊》二集（新加坡：新加坡國立大學中文系，1987），頁197。

㊳ 王富仁《中國反封建思想革命的一面鏡子》（北京：北京師範大學，1986）；陳平原《中國小說敘事模式的轉變》（上海：人民文學出版社，1988）；王友琴《魯迅與中國文化震動》（長沙：湖南教育出版社，1989）。

㊴ 嚴家炎〈現代小說研究在中國〉，見《二十一世紀》第九期（1992年 2月），頁22－106。嚴家炎在其《中國現代各流派小說選》（北京：北京大學出版社，1986）就特別小心，所有入選作品均採用早期版本。

㊵ 王瑤《中國現代文學研究的歷史和現狀》（北京：中國社會科學出版社，1989），頁 1－13。

2.

沈從文小說創作的理論架構

一、「詩人批評家」與「創作室批評」：沈從文的小說批評理論

我在〈從艾略特「詩人批評家」看沈從文的文學批評〉一文中指出，沈從文是一個標準的詩人批評家（poet－critic），他的小說理論與批評是典型的創作室批評（workshop－criticism）。「詩人批評家」的文學批評理論，視野與論點都很有侷限，他只評論影響過自己的作家與作品，只評論自己有興趣又努力去創作的作品，因此被稱爲創作室批評，因爲它只是一個作家在從事創作時的一種副產品（by－product）。①

目前由於政治的原因，收集在《沈從文文集》中第十一及第十二卷中的文論，雖然很不齊全，經過政治審查的過濾，凡不爲1949年以後中共文藝政策所容忍的觀點文章，都沒有被收集。②但從這些論文中，已經很清楚的看到，沈從文的文學批評理論，是屬於「詩人批評家」的傳統。他對小說的看法，所以具有權威性，並不是因爲他對小說作品及理論有特別深廣的研究，更不只是他有一套嚴密的批評體系，最主要的原因，是因爲他是一個有創作經驗的藝術家（craftsman），他所論的問題全是道出他人未

能道的經驗之談。他對魯迅、廢名等人描寫被現代文明毀滅的鄉鎮小說的見解就是最好的例子，這是他自己在創作經驗中深入的感受與了解所得出的結論，不是純理論或哲學性的推理或分析。

沈從文的文學批評理論文章，都是在創作之餘，把零星的創作中的眞知灼見，反覆地表達在不很正式的文學批評文章中。第一類，屬於序言或後記，把自己開拓的小說領域之新發現或藝術技巧記錄下來。第二類是直接評論一位作家或作品，如《沫沫集》中的〈論馮文炳〉，這些都是沈從文向他們學習過，或受其影響的作家。第三類是筆記式的篇幅較長的著作如《燭虛》。這些論說序跋，其實主要是爲了一個簡單的目的：一方面替自己所寫的小說辯護，另一方面爲他所寫的小說建設一個理論架構，以便得到承認與建立其權威性。③

沈從文在 1922 年（23 歲）從湘西到北京後，開始寫作。大約到了1928年以後，才開始寫出〈柏子〉、〈雨後〉（1928）、〈七個野人與最後一個迎春節〉、〈夫婦〉（1929）、〈蕭蕭〉、〈丈夫〉（1930）、〈邊城〉（1934）這些代表傑作。因此他的批評理論在1930年以後才開始出現。④由此可見，沈從文是從自己的作品來考察當代或前輩的作品，因此對那些深感興趣又影響過他的以抒情筆調寫鄉土小說的作家，就大爲讚賞，但對那些與他創作興趣背道而馳的就表面冷漠，甚至攻擊，郭沫若的小說便是一個最好的例子。

二、包含著社會現象與夢象的小說

創作室的文學理論，目的是要爲自己的作品建設理論基礎，爭取承認，因此作爲詩人批評家的沈從文，所寫的許多評論文章，基本目的不是要替讀者解讀作品，更不是爲作家在文學史上定位，也不是要建立一套文學理論的新體系。他的動機與目的很有侷限性。我在〈從艾略特「詩人批評家」看沈從文的文學批評〉一文中已討論過，現在再從下面沈從文對小說創作的理論架構來看，就更能了解他對小說的理論是建立在自己創新的小說之上。他的小說的理論是從他自己的創作經驗歸納出來，因爲這是構成他的小說的理念。

在三十年代前後，當寫實主義、人生文學成爲主流時，沈從文注意到很多作家憑著一個高尙尊嚴的企圖（如爲人生），一個不甚堅實的概念（如「社會的髒污」，「農村的蕭條」）去寫作，結果「所要說到的問題太大，而所能說到的卻太小」（《文集》，11：165－166），因此在〈短篇小說〉一文中，他除了肯定小說要表現人生，但這絕不止於外在表面的客觀事物現象，除了人生現象，應該還有夢幻現象，要不然小說就淪爲新聞式的報告了：

> 把小說看成「用文字很恰當記錄下來的人事」。因爲既然是人事，就容許包含了兩個部分：一是社會現象，是說人與人相互之間的種種關係；一是夢的現象，便是說人的心或意識的單獨種種活動。單是第一部分容易成爲日常報紙記事，單是第二部分又容易成爲詩歌。必須把人事和夢兩種成分相混合，用語言文字來好好裝飾剪裁，處理得極其恰當才可望成爲一個小說。（〈短篇小說〉《文集》，12：114）

他特別強調人事和夢要相混結合起來，因爲這二者是二而一，一而二，不能分開的。把它們分開以後，我們小說中的人、生命或靈魂，就會破碎。沈從文的小說要把它們粘合起來，變成一個完整的人。「一切作品皆植根於『人事』上面，一切偉大作品皆必然貼近血肉人體。」（〈論穆時英〉《文集》，11：203）

在面對現實主義的壓力，沈從文說明小說家要「貼近人生」，但寫作時卻要「儼然與外界絕緣」，絕對不能被一些崇高觀念左右：

> 我雖明白人應在人群中生存，吸收一切人的氣息，必貼近人生，方能擴大他的心靈同人格。我很明白！至於臨到執筆寫作那一刻，可不同了。我除了用文字捕捉感覺與事象以外，儼然與外界絕緣，不相粘附。(〈沈從文小說習作選·代序〉《文集》，11：41－42)

他要「用文字去捕捉感覺與事象」，而感覺是個人的，超現實的。所以接下去，他再強調寫小說要「獨斷」：

> 一切作品都需要個性，都必浸透作者人格和感情，想到這個目的，寫作時要獨斷，要徹底地獨斷！(《文集》，11：42)

沈從文在〈水雲〉(1942) 那篇回憶式的哲理散文裡，很坦誠地透露了自己經常陶醉於夢境的經驗。寫作對沈從文來說，是「我要寫我自己的心和夢的歷史」(《文集》，11：273)。《月下小景》中的佛經故事是經過「放大翻新，注入我生命中屬於情緒散步的種種纖細感覺和荒唐想像」(11：274)。《邊城》那本中篇小說是「將我某種受壓抑的夢寫在紙上」的故事，是「純粹的詩，與生活不相粘附的詩」(11：279－280)。雖然「一切作品皆植根於人事上面，一切偉大作品皆必然貼近血肉人生」(《文集》，11：203)，他爲小說中的，已經消失的蠻荒歷史，人類的記憶和夢幻裡的世界辯護：

> 只看他表現得對不對，合理不合理，若處置題材表現人物一切都無問題，那麼，這種世界雖消滅了，自然還能夠生存在我那故事中。這種世界即或根本沒有，也無礙於故事的眞實。(《文集》，11：45)

所以沈從文在小說中，常常寫的不是眼見的狀態，而是官能的感受、回憶、夢幻，請看下面幾段文字：

> 用各種官能向自然捕捉各種聲音、顏色同氣味，向社會中注意各種人事。脫去一切陳腐的拘束，學會把一支筆運用自然，……在現實裡以至於在回憶同想像裡馳騁，把各種官能同時並用，來產生一個作品。（〈《幽僻的陳莊》題記〉《文集》，11：39）

> 創作不是描寫「眼」見的狀態，是當前「一切官能感覺的回憶」。（〈連萃創作一集·序〉，見吳立昌《沈從文》，頁34）

> 超越普通人的習慣心與眼，來認識一切現象，解釋一切現象，而且在作品中注入一點什麼，或者是對人生的悲憫，或者是人生的夢。（〈學習寫作〉《文集》，11：357）

三、探索人的靈魂與意識深處的小說

好的小說家，不同於常人，因爲他能夠從普通人所共見的人生現象與夢象中，發現一般作家不易發現的東西，打開普通作家不能進入的世界：

> 一個偉大作家的經驗和夢想，既不超越世俗甚遠，經驗和夢想所組成的世界，自然就恰與普通人所謂「天堂」和「地獄」鼎足而三，代表了「人間」，雖代表了「人間」，卻正是平常人所不能到的地方。⑤

從 1928 到 1947 年間，前後約二十年，沈從文寫了大量有關延長千里的沅水及其支流各鄉村的小說。中國土地上的湘西，一般人都能前往觀光，但是沈從文小說世界中的湘西，不管是茶桐小邊城或是玉家母子的菜園、七個野人的山洞、吳甘二姓族居住的烏雞河，都是當地居民或遊客所看不見、到不了的藝術世界。⑥

沈從文在文章裡，經常強調他五官的敏感性能，他善於透過官能，向自然捕捉聲音、顏色、氣味，而且幻想與回憶的能力，也超乎常人。這種能力能促進作品之深度：

> 天之予人經驗，厚薄多方，不可一例。耳目口鼻雖具同一種外形，一種同樣能感受吸收外物外事本性，可是生命的深度，人與人實在相去懸遠。(〈燭虛〉《文集》，11：280)

他自認是一個能表現生命深度的作家，當然他是當之無愧的。相反的，沈從文下面這段文字，很顯然是針對當時長久住在北京或上海的現實主義作家，嘲笑他們感覺官能已麻木不仁，因此作品自然沒有深度，更沒有獨創性：

> 城市中人生活太匆忙，太雜亂，耳朵眼睛接觸聲音光色過分疲勞，加之多睡眠不足，營養不足，雖儼然事事神經異常尖銳敏感，其實除了色慾意識和個人得失以外，別的感覺官能都有點麻木不仁。(《文集》，11：44)

沈從文一再說創作描寫不是眼見的狀態，不是一般人所能到達的地方，也不是普通作家容易發現的東西。到底這種小說所表現的由人事與夢象相混合的是什麼世界？他在《燭虛》中指出，他的小說最終目的，就在於探索人的靈魂深處或意識邊際，這樣才能發現人，說明愛與死的各種形式：

> 我實需要「靜」，用它來培養「知」，啓發「慧」……用它來重新給「人」好好作一度詮釋，超越世俗愛憎哀樂的方式，探索「人」的靈魂深處或意識邊際，發現「人」，……(《文集》，11：281)

接下去，沈從文說在現代文明社會，「生命或靈魂，都已破破碎碎，得重新用一種帶膠性觀念把它粘合起來」(《文集》，11：281)。他的小說便是尋找還未被現代社會文明打破的人，還包括「我」作者自己。

沈從文在〈《長河》·題記〉中說，他在作品裡把農民「加以解剖與描繪」就是要探索其靈魂深處或意識層面：

> 在另外一個作品中（指《長河》），把最近二十年來當地農民性格靈魂被時代大力壓扁扭曲失去了原來的素樸所表現的式樣，加以解剖與描繪。（《文集》，7：4）

因爲沈從文在論小說時，從夢象、意識，到探索與解剖靈魂，金介甫、吳立昌都肯定他對佛洛依德的文藝心理學的理論有所認識。⑦

沈從文的〈漁〉，就是很有代表性的一篇探索人類靈魂意識深處的小說。在現實層面裡，苗族把毒藥倒進烏雞河裡毒魚，這是一年一度的大浩劫。吳姓兄弟溯河而上，在月夜裡進入夢幻中，深入野蠻民族好鬥嗜殺的潛意識深處，這條河是歷史之河、意識之河，把這對攣生的青年人，帶回人類蠻荒時代，人類靈魂之黑暗深處去。所以在河的上流，他們發現荒灘上有被流血染紅的岩石，有哀悼鬼魂而建的廟，還有舊戰場，以及唯一甘族生還的女子，這些都是二族互相殘殺帶來的悲劇。小說結束時，哥哥加入族人揮刀砍魚的族群野蠻習俗裡，弟弟卻拒絕回返現實，要停留在洪荒時代，因爲那裡有星星月亮，有花，更有美麗的女子。在小說中，殘殺生靈的寶刀與美化心靈與大地的野花交迭出現，充滿愛情之渴望的山歌與爲罪惡而懺悔的木魚誦經聲，此起彼落。哥哥進入的人類心靈深處那角落，充滿野蠻與黑暗，而弟弟進入的，卻是浪漫美麗的心靈世界。⑧

四、小說是要發現人性、解釋人生的形式

沈從文要小說家超越現實，進入夢象，進入一般作家不能到達的地方，描寫眼睛看不到的狀態，探索人類的靈魂或意識底

層，他的目的是要發現人，重新對人給予詮釋，因爲他在尋找中的人類，甚至自我的生命與靈魂，「都已破破碎碎，得重新用一種帶膠性觀念把它黏合起來」。

在沈從文眼中，人的生命與靈魂破破碎碎是許多原因所造成，而最常表現在他作品中的是野蠻的風俗與現代文明。譬如他說湘西的農民，「性格靈魂被時代大力壓扁扭曲失去了原來的素樸」，是指現代都市文明侵入鄉村與小城鎮後毀滅了原來的生活方式與人性。沈從文在更早的作家如魯迅的小說中，已看見中國小鄉鎮及其人民在新的物質文明侵入後，「皆在漸漸失去原來的型範」（〈論中國創作小說〉《文集》，11：173)。農民性格靈魂固然被時代大力壓扁扭曲，城市人，像沈從文小說中的紳士政客，更喪失人性，道德淪喪。〈夫婦〉、〈三三〉中的城市人性已變形，身心都得了病，〈菜園〉中的鄉紳政客，就更加卑鄙醜惡地去殘害善良的老百姓了。

所以沈從文一次又一次的說明他用小說藝術建設的廟所供奉的是「人性」，因此他要表現眞正的人性，請看下面引自各篇論文的段落：

> 我要表現的本是一種「人生的形式」，一種「優美、健康、自然而又不悖乎人性的人生形式。」（〈《沈從文習作選》代序〉《文集》，11：45）
>
> 在小小篇章中表現人性，表現生命的形式，（〈短篇小說〉《文集》，12：126）
>
> 我寫小說，就重在從一切人的行爲表現上學理解人的種種長處和弱點……（〈新廢郵存底〉《文集》，12：54）
>
> 我寫小說，將近十年還不離學習期間，目的始終不變，就是用文字去描繪一角人生，說明一種現象。（〈廢郵存底〉

《文集》，11：310）

沈從文那樣認眞看待小說，因爲他對小說具有傳統的文以載道的目的，希望小說能代替經典著作，幫助人去理解人的人性、神性和魔性，建立價值與道德感：

> 讀者從作品中接觸了另外一種人生，從這種人生景象中有所啓示，對「人生」或「生命」能作更深一層的理解。（〈短篇小說〉《文集》，12：114）

沈從文對被壓扁扭曲的人性如何解剖（即探索其靈魂與意義深處），目前像凌宇、王繼志、吳立昌的著作都有討論。⑨沈從文一方面表現鄉下人與都市人（包括農民、士兵、工人、妓女、政客、紳士等各行各業的人）被扭曲得變了形的靈魂，他也挖掘他們身上尙未完全泯滅的人性，甚至神性。譬如透過野花的象徵，沈從文表現出生活在古遠時代的魔鬼習俗中的龍朱、患上精神衰弱症的都市人璜、癩子號兵、豆腐店老闆和商會會長的女兒，他們心靈對原始的生活方式與愛情感覺，始終沒有被毀滅。〈新與舊〉的老兵劊子手的人性、〈丈夫〉中的丈夫的夫權與人性，都在復甦和覺醒中。⑩〈旅店〉（《文集》，8：302－310）中的主人黑貓，一個守寡了三年的花腳苗族女人，終於在一個野狗很多的早晨，發現性慾在生長：一種突起的不端方的慾望在心上長大（〈旅店〉《文集》，8：306），她大膽的讓一個客人滿足了自己的性慾。那商人來自都市，是一個患上了不治之症的現代人，一個月後他便死了。商人日夜奔跑，忙於賺錢，一到旅店便呼呼大睡。儘管他有病，卻經不起這位二十多歲的婦人苗條光滑的身段、脹起的奶子的誘惑，引起性慾。小說中的黑貓自己承認很易入睡，而住店的商客一到就倒頭大睡。作者以衆人爲「熟睡所攫」，象徵他們的感官在迷睡狀態，爲追求物質所疲勞。黑貓的助手是一位四十多歲的駝背男子，他又象徵一個身心殘缺的人，沒有感覺的人。她自己的丈夫不健康，已死了四年。雖然在這個旅店裡，人人爲金錢物質而忙碌，使到近年來沒有「年輕人的事」了。但性慾還是不會死亡的，它只是沈睡著，隨時都會醒來，就像大鼻子商人與黑貓一天早晨睡醒，一起到樹林中的河邊挑水（象徵回到自然生活中），那些潛意識便會醒來。

沈從文在 1988 年 5 月 10 日逝世後，在靈堂懸掛的遺照上，有他生前的題辭：

照我思索，能理解「我」。

照我思索，可認識「人」。

這是他在 1961 年未寫完的遺作，題名〈抽象的抒情〉一文前的題辭。初稿是在被查抄數年後退還的材料中發現。照凌宇的理解，未加引號的「我」和「人」，是受外在環境與壓力改變扭曲的「我」和「人」。因此這題辭最適合代表沈從文一生的創作目標，因爲他創作時，就是要盡一切努力，拒絕外在的壓力，保持自我，這樣他作品中所表現的人類，才是在他作品中的時代裡的眞正人類。我們能眞正理解與認識人，因爲沈從文的我去思索時，永遠是屬於沈從文自己的。所以我覺得這題辭應該作爲卷首詩，印在沈從文全集上。⑪

五、小說的新傳統：描寫被現代文明毀滅的鄉村小說

沈從文在二十年代末以後，開始大力描寫以湘西沅水流域爲背景的小說。他自己很欣賞沅水流域所激發出來的傑作，在〈《沈從文小說選集》·題記〉（1957），他回憶道：

1928 年到學校教小說習作以後，由於爲同學作習題舉例，

更需要試用各種不同表現方法，處理不同問題，因之在1928年到1947年約二十年間，我寫了一大堆東西。其中除小部分在表現問題、結構組織和文字風格上，稍微有些新意，也只是近於學習中應有的收穫，説不上什麼眞正成就。至於文字中一部分充滿泥土氣息，一部分又文白雜糅，故事在寫實中依舊浸透一種抒情幻想成分，内容見出雜而不純，實由於試驗習題所形成。筆下涉及社會面雖比較廣闊，最親切熟悉的，或許還是我的家鄉和一條延長千里的沅水，及各個支流縣分鄉村人事。這地方的人民愛惡哀樂、生活感情的式樣，都各有鮮明特徵。我的生命在這個環境中長成，因之和這一切分不開。(《文集》，11：70)

這是他作品中，他「最滿意的文章」，因爲表現問題、結構，和文字都有「新意」。這不但是他的也是中國現代文學的新收穫，所以沈從文以湘西富有傳奇神秘色彩的生活、語言、地方色彩創造出突破性的新小說。他在〈我的寫作與水的關係〉(1937)說：

到十五歲以後，我的生活同一條辰河無從分開……

我雖離開了那條河流，我所寫的故事，卻多數是水邊的故事。故事中我所最滿意的文章，常用船上水上作爲背景。我故事中人物的性格，全爲我在水邊船上所見到的人物性格。我文字中一點憂鬱氣氛，便因爲被過去十五年前南方的陰雨天氣影響而來。我文字風格，假若還有些值得注意處，那只是因爲我記得水上人的言語太多了。(《文集》，11：325)

到了三十年代至四十年代中期，沈從文從區域文化的角度來窺探和再現鄉村中國的生活方式及鄉下人的靈魂，他開始有信心的從他自己所追求與試驗的小說觀點來考察當時比他早成名的小說家之小說。這些評論，其實是爲自己努力創作的小說爭取承認，建設其新小說傳統而寫的。這些批評自然也洩漏他自己的小說的奧秘。沈從文稱他自己所寫的這種小說的傳統，可追溯到魯迅的小說。從魯迅〈故鄉〉、〈社戲〉，魯迅影響了王魯彥、許欽文、羅黑芷、黎錦明、施蟄存，從而建立了鄉土文學的傳統：

> 以被都市物質文明毀滅的中國中部城鎮鄉村人物作模範，用略帶嘲弄的悲憫的畫筆，塗上鮮明準確的顏色，調子美麗悅目，而顯出的人物姿態又不免有時使人發笑，是魯迅先生的作品獨造處。分得了這一部分長處，是王魯彥、許欽文同黎錦明。王魯彥把詼諧嘲弄拿去；許欽文則在其作品中，顯現了無數魯迅所描寫過的人物行動言語的輪廓；黎錦明，在他的粗中不失其爲細緻的筆下，又把魯迅的諷刺與魯彥平分了……（《文集》，11：107）

沈從文在 1947 年寫的〈學魯迅〉一文中，尊稱魯迅爲中國鄉土文學之始祖，肯定這種鄉土文學成爲二十多年來的小說主流：

> 於鄉土文學的發軔，作爲領路者，使新作家群的筆，從教條觀念拘束中脱出，貼近土地，挹取滋養，新文學的發展，進入一個新的領域，而描寫土地人民成爲近二十年文學主流。（《文集》，11：233）

沈從文甚至承認，他的鄉土小說是受了魯迅同類小說的啓發才開始創作。在〈《沈從文小說選集》·題記〉中說：「加之由魯迅先生起始，以鄉村回憶做題材的小說正受廣大讀者歡迎，我的學習用筆，因之獲得不少勇氣和信心。」（《文集》，11：69）

沈從文眼中魯迅及其同代人鄉土小說的特點，最適合拿來詮釋他自己的小說。在〈論中國創作小說〉一文（《文集》，11：163

－186）中，他指出：魯迅「從教條觀念拘束中脫出，貼近土地，挹取滋養」（《文集》，11：233），魯迅小說展覽「一幅幅鄉村的風景畫在眼前，使各人皆從自己回想中去印證」（《文集》，11：166）。沈從文特別喜歡魯迅這樣的主題：「中國農村是在逐漸情形中崩潰了，毀滅了，爲長期的混亂，爲土匪騷擾，爲新的物質所侵入，可讚美的或可憎惡的，皆在漸漸失去原來的型。」（《文集》，11：173）此外，他也很欣賞魯迅小說中的沉靜、憂鬱、感傷、苦悶、幻想和冷嘲：

> 魯迅的作品，混和的有一點頹廢，一點冷嘲，一點幻想的美……（《文集》，11：166）
>
> 在《吶喊》上的〈故鄉〉與《彷徨》上的〈示衆〉一類作品，說明作者創作所達到的純粹，是帶著一點兒憂鬱，用作風景畫那種態度，長處在以準確鮮明的色彩，畫出都市與農村的動靜。作者的年齡，使之成爲沉靜……因此作品中感傷的氣氛，並不比郁達夫少……魯迅的悲哀，是看清楚了一切，辱罵一切，嘲笑一切，卻同時仍然爲一切所困窘，陷到無從自拔的苦悶裡去了的。（《文集》，11：166－167）
>
> 魯迅使人憂鬱，是客觀的寫中國小都市的一切……（《文集》，11：173）

沈從文也在許多當代小說中找到了與自己在主題與風格上相似的作品，屬於這個傳統的作家，在〈論施蟄存與羅黑芷〉一文中說，「這兩人皆爲以都市文明侵入小城小鎮的毀滅爲創作基礎」（《文集》，11：107）。沈從文也喜愛廢名的小說，因爲「由最純粹農村散文詩形式出現」（《文集》，11：100），在〈夫婦·序言〉中，他甚至坦白承認受了廢名抒情詩小說之影響（《文集》，8：393），

兩人作品有相似之處：「一則因爲對農村觀察相同，一則因背景地方風俗習慣也相同。」(〈論馮文炳〉《文集》，11：100)

從沈從文對魯迅及其他小說家的評論，可以清楚的看出，他努力建立一個小說的新傳統。這個傳統由魯迅開始，他們都是擺脫許多二、三十年代寫作教條觀念的拘束，貼近土地去描寫被物質文明毀滅的鄉村小鎮。這種作品的語言文字表現風格特點是充滿抒情的語言、冷靜、感傷、憂鬱，還混合著頹廢、冷嘲和幻想美。⑫

六、用鄉村中國的眼光看現代文明：都市小說的開始

雖然沈從文的小說給人的印象，主要是描寫湘西的鄉村中國，其實他的城市小說幾乎占了全部作品的一半。在《沈從文文集》中的小說，有76篇以城市爲主題，87篇以鄉村爲主題。⑬在他描寫鄉村社會的小說中，對都市文明的批判也有所表現，像〈雨後〉(1928)、〈蕭蕭〉、〈夫婦〉(1929)、〈菜園〉(1929)、〈三三〉(1931)、〈貴生〉(1937) 等小說，就是很好的例子。沈從文的這些鄉村小說，不只表現區域文化，他更以鄉村中國的文學視野，一方面監視著在城市商業文明的包圍、侵襲下，農村緩慢發生的一切，同時又在原始野性的活力中，顯現都市人的沈落靈魂。⑭例如，在〈三三〉(《文集》，4：120－148) 那篇小說中呈現的是鄉村中國的自然人發現都市人的病態及荒謬性。三三和她的寡母住在苗區山彎堡子裡過著世外桃源的生活。有一天城裡來了一個白面書生，他原來是希望到鄉下養病，享受農村田野的新鮮空氣，吃些新鮮雞蛋蔬菜，滋補身體，然後把病治好。三三的媽媽希望把女兒嫁給這位青年，可是城市人突然得狂病死了。整個

村落的人開始對城市及從城市來的人感到驚恐，他們認識到城市人與病人是同等意義的。在〈三三〉小說中，透過象徵性的語言，解剖了鄉村中國與城市中國的第一次相遇後，鄉村人對城市的夢幻開始破滅，而大自然的靈藥也救治不了城市人的死亡，因爲他患的已是第三期的癆病。

在另一篇充滿抒情幻想的抒情詩小說〈夫婦〉（《文集》，8：384－393）中，城市人在現代文明的污染與壓力下，生命變得空虛，因此患上神經衰弱症。最後他回歸大自然去尋找自然的生命力來治療自己的病。可是原本潛藏著生命力的鄉村世界，卻正在都市文明的侵染下逐漸失去那原始的人性美與生命力。保護鄉村的團衛就是都市文明的化身：它亂用權力、虛僞、公報私仇。〈菜園〉（2：261－271）中的「縣府」，胡亂處決玉琛及其妻子，代表現代文明只是一場慘無人道的政治鬥爭，在白色恐怖中，許多無辜的老百姓慘遭殺害。這是另一種現代文明帶來的災難。

所以沈從文在他的被稱爲最具魅力，充滿泥土氣息的小說中，仍然沒有忘記都市文化無孔不入的侵入其間，而引起自然生活秩序的錯亂，美麗的自然大地的受破壞。沈從文在1931年寫〈記胡也頻〉裡，對當時上海新感覺派都市文學作家如劉吶鷗、穆時英、葉靈鳳很有好感。他說：「上海方面還有幾個『都市文學』的作家，也彷彿儼然能造成一種空氣」（《文集》，9：80）沈從文以都市主題爲中心的小說，如〈紳士的太太〉（1929）、〈虎雛〉（1931）、〈八駿圖〉（1935）等小說中⑮，他又以鄉下人的目光來觀察都市人生，來看都市人生荒謬性與社會病態現象。沈從文的鄉村中國的視野是具有道德與價值的一把尺、一把秤：

> 我是個鄉下人，走到任何一處照例都帶了一把尺，一把秤，和普遍社會總是不合。一切來到我命運中的事事物

物，我有我自己的尺寸和分量，來證實生命的價值與意義。（〈水雲〉《文集》，10：266）

所以他對都市人的觀察，依據的是「鄉下人」的標準。他把人類病態精神看作都市文明——外部環境對人性的扭曲，那就是他拒絕的「社會」。這種扭曲的人性與自然相衝突，在〈虎雛〉小說中，小兵虎雛被放置在城市中，接受現代文明的教育與文化，從野蠻湘西鄉村來的他，做出直覺的抗爭，最後他因在城裡打死一個城市人而消失。他打死一個城市人，表示他打死了城市文明，他的消失是暗喻鄉下人逃回到自然的鄉村去尋找失落的生命與意義。

這些小說都是透過鄉村中國的眼光在看中國城市，來觀察現代文明：眞正屬於大多數人的中國是農村中國，而它正在逐漸消失。沈從文小說中的人物，都感到只有回歸到鄉村中國，才能找回失落的精神和品質。他們始終無法與都市文化認同。

沈從文這種鄉村中國的詩學，從鄉村中國來考察城市中國的小說，可說代表了中國五四時期以後的城市小說與詩歌的寫作視野與思維方式。從魯迅、王魯彥到施蟄存的鄉土作家，他們作品的主題是呈現現代物質文明如何慢慢毀滅中國的鄉鎮。即使到了上海現代派作家，像劉吶鷗、穆時英、杜衡、葉靈鳳和戴望舒，他們雖然長期生活在中國現代的上海，對現代都市有些認同，但對都市文明的困惑還是很多，因爲他們多是從帶有鄉土味的鄉村或小城鎮走出城市的人家，結果還是站在現代大都市的邊緣來窺探都市人的觀念行爲模式。⑯

根據楊義的分析，三十年代上海現代派的都市文學作品對現代人的認識，也就是現代人的病症，可分爲三大類。第一種是「陌生人」。由於受了大都會物質文明和商業文明的極大誘惑，從城鄉湧進大都會的中國人，脫離了地緣、血緣，與倫理道德的維繫，他們一步一步掉進無底的深淵。所以從「陌生人」又變成了「片面人」，最後變成「變態人」。⑰不屬於任何文學派別的老舍的城市小說，被稱爲「城市庶民文學的高峰」，而且是少數出身都市（北京）貧民階層的作家，但是老舍的代表作《駱駝祥子》，是關於一個出生農村的年輕人祥子，城市文明使他從鄉間帶來的強壯的身體腐爛，成爲現代都市社會胎裡的產兒。他的墮落也是一步步的，從仁和車廠到大雜院與白房子（妓院），代表他逐漸掉進黑暗腐敗的都市文明的最底層。他也是從「陌生人」、「片面人」而最後被扭曲人性成爲「變態人」。⑱

沈從文描寫鄉下人與都市人在鄉鎮和大都市相遇的小說，在今天看來，它實際上構成以後歷久不衰的都市文學的視野與出發點。這種都市文學的詩學，恐怕要在今天台灣八十年以來的作品中，才開始起了變化。⑲

七、揉詩、遊記、散文與抒情幻想成一體的小說

吳福輝曾指出，沈從文最教人迷醉的作品，是以湘西沅水流域爲背景，描繪富有傳奇神秘色彩的苗族人民生活的小說。在這些小說作品裡，他試驗把抒情詩、散文、遊記筆調揉進小說裡，結果創造了突破性的新小說。⑳在上面討論魯迅、廢名、施蟄存等人反映現代物質文明侵襲與毀滅鄉村小說時，我們已注意到沈從文對他們的寫實小說中的抒情、幻想、憂鬱的氣氛非常重視。他在其他論中國現代作家的文章裡，特別注意以抒情詩、散文、遊記筆調寫的作品。

沈從文自己認爲他曾努力在散文與小說中揉遊記、散文和小

說爲一體，這是〈新廢郵存底〉(1947) 中的一段話：

用屠格涅夫寫《獵人日記》方法，揉遊記散文和小說故事而爲一，使人事凸浮於西南特有明朗天時地理背景中。一切還帶點「原料」意味，值得特別注意。十三年前我寫《湘行散記》時，即有這種企圖……這麼寫無疑將成爲現代中國小說一格，且在這格式中還可望有些珠玉發現。(《文集》，12：67－68)

他主張打破小說、詩歌、散文之觀念，因此也勸別人去嘗試開拓這種新文體：

原因之一是將文學限於一種定型格式中，使一般人以爲必如此如彼，才叫作小說，叫作散文，叫作詩歌。習慣觀念縛住了自己一枝筆，無從使用……這工作成就，更無疑將於蘆焚、艾蕪、沙汀等作家，揉小說故事散文遊記而爲一的試驗以外，自成一個新的型式。如能好好發展下去，將充滿傳奇性而又富有現實性……這種新的創作，不僅在「小說」上宜有新的珠玉產生，在女作家方面，也可望作到現有成績記錄的突破……(《文集》，12：63)

除了揉詩、遊記、散文成一體，沈從文也嘗試把抒情幻想放進寫實的、充滿泥土氣息的小說中。他在〈《沈從文小說選集》·題記〉中說：

1928年到1947年約二十年間，我寫了一大堆東西……至於文字中一部分充滿泥土氣息，一部分又文白雜糅，故事在寫實中依舊浸透一種抒情幻想成分，內容見出雜而不純，實由於試驗習題所形成……(《文集》，11：70)

在〈短篇小說〉一文中，他一再強調「詩的抒情」在任何藝術中都應該放在第一位，因爲它能帶來特殊的敏感性能：

> 短篇小說的寫作，從過去傳統有所學習，從文字學文字，個人以爲應當把詩放在第一位，小說放在末一位。一切藝術都容許作者注入一種詩的抒情，短篇小說也不例外。由於對詩的認識，將使一個小說作者對於文字性能具有特殊敏感。(《文集》，12：126)

因此他特別推崇施蟄存「多幻想成分」，「具抒情詩美的交織」的小說。(《文集》，11：100)

沈從文在〈《沈從文小說選集》·題記〉中，自我肯定他的小說異於同時代之作家：

> 我的作品稍稍異於同時代作家處，在一開始寫作時，取材的側重在寫我的家鄉……想試試作綜合處理，看是不是能產生點散文詩的效果。(《文集》，11：80)

〈夫婦〉根據其〈後記〉(《文集》，8：393)，那是沈從文自認是用「抒情詩的筆調」寫的小說。我也曾分析過〈漁〉，這是大量注入抒情幻想，成功發揮揉詩、散文、小說成一體的代表作。在這篇小說中，一個複雜的主題結構，野蠻族人的好殺習俗，復仇、愛情、人類美麗黑暗的心靈，靜靜的在朦朧的月下的河流、古廟、木魚唸經聲中，揮舞寶刀聲中、枯萎的花裡展現出來。㉑

八、沈從文小說理論的前衛性與現代性

在西方文學理論中，原始主義（primitive）與前衛主義（avant－garde）是現代主義（modernism）的試金石。㉒沈從文嚮往原始的生命形式，喜愛採取超現實的新觀點來理解生命，同時又喜歡嘗試用全新的語言文字來進行創作，理解生命的各種形式，譬如在他當代作家中，沒有人敢提倡〈情緒的體操〉那樣的觀念，把創作看成「情緒的體操」。沈從文是少數敢於極端的試

驗新的文字性能，把它扭曲地加以使用：

> 我文章並無何等哲學，不過是一堆習作，一種「情緒的體操」罷了。是的，這可說是一種「體操」，屬於精神或情感那方面的。一種使情感「凝聚成爲淵潭，平鋪成爲湖泊」的體操。一種「扭曲文字試驗它的韌性，重摔文字試驗它的硬性」的體操。(《文集》，11：327)

所以他即使不算是前衛作家，也應該屬於敢於創新的現代派作家了。㉓

1941年，他自己完全知道他所寫的小說很創新，與一般作品不同，與流行的見解不一樣，很多人覺得莫名其妙：

> 我寫的小說，正因爲與一般作品不大相同，人讀它時覺得還新鮮，也似乎還能領會所要表現的思想內容。至於聽到我說起小說寫作，卻又因爲解釋的與一般說法不同，與流行見解不合，弄得大家莫名其妙了。(《文集》，12：122)

沈從文在1988年5月10日逝世前不久，他對文學的看法還是很前衛，雖然那時他已在狹窄的中共文藝政策下「軟禁」了幾十年。當凌宇問他小說中的一些主題意義時，他回答：

> 你應該從欣賞出發，看能得到是什麼。不宜從此外去找原因。特別不宜把這些去問作者，作者在作品中已回答了一切。㉔

其實沈從文早在1935年在〈給一個讀者〉裡，已肯定文學作品的有機組織與獨立生命：

> 應從別人作品上了解那作品整個的分配方法，注意它如何處置文字如何處理故事，也可以說看得應深一層。(《文集》，11：332)

他很害怕讀者爲了尋找作品以外的東西，而「毀壞了作品的藝術價值」(《文集》, 11: 310)。這種文學觀，使人想起近年來西方流行的後現代主義提出的「作者的死亡」的觀念：藝術作品一旦產生，就意味著藝術家的死亡，藝術只是其自身……文本，而讀者觀衆可以再創造新的藝術空間。㉕所以遲至1980年，沈從文說他寫小說是「企圖從試探中完成一個作品」：

> 只有一個目的，就是企圖從試探中完成一個作品，我最擔心的是批評家從我習作中尋「人生觀」或「世界觀」。㉖

注釋

① 王潤華〈從艾略特「詩人批評家」看沈從文的文學批評〉新加坡國立大學中文系學術論文第90種（1993），頁1－26。

② 《沈從文文集》（廣州：花城出版社，香港三聯，1982－1985）共12冊。本文內文簡稱《文集》，如注明11：96－235，表示第11卷，頁96－235。根據報導，目前大陸北岳出版社，正編印《沈從文全集》，將收集齊全沈的作品，並只採用未經政治刪改的作品。定1995年完成出版。

③ 同注①，頁6－10。

④ 關於沈從文這幾年的寫作生活，見吳立昌《人性的治療者：沈從文傳》（台北：業強出版社，1992），頁82－164。

⑤ 這段引文引自凌宇《從邊城走向世界》（北京：三聯書店，1985），頁156－157。原出現在〈燭虛·小說作者與讀者〉。

⑥ 這些小說世界，在這些書中，都有討論：凌宇《從邊城走向世界》、王繼志《沈從文論》（北京：江蘇教育出版社，1992）；吳立昌《沈從文：建築人性神廟》（上海：復旦大學出版社，1991）；賀興安《楚天鳳凰不死鳥：沈從文評論》（成都：成都出版社，1992）；趙園編《沈從文名作欣賞》（北京：中國和平出版社，1993）；Jeffrey Kinkley, *The Odyssey of Shen Congwen* (Stanford: Stanford University Press,

1987)。

⑦ 參考 Jeffrey Kinkley, *Shen Congwen*, pp. 112－114; 吳立昌《沈從文》, 頁184－229。

⑧ 我有專文論析這篇小說, 見本書〈一條河流上擴大的抒情幻想: 探索人類靈魂意識深處的小說〈漁〉的解讀〉。

⑨ 在凌宇、王繼志、吳立昌等人的書中 (見前注⑥), 都有對這些作品提供基本的分析。

⑩ 有關野花的象徵意義, 我有專文討論, 詳見〈每種花都包含著回憶與聯想: 沈從文小說中的野花解讀〉, 新加坡國立大學中文系學術論文第106種, 1995年出版, 又見本書第七章。有關〈丈夫〉中夫權之醒悟, 詳見張盛泰〈傳統夫權失而復得的悲喜劇〉《中國現代文學研究叢刊》第九十二期 (1992年第2號), 頁99－113。

⑪ 〈抽象的抒情〉與凌宇的對題辭的見解見〈風雨十載忘年遊〉, 收集於《長河不盡流: 懷念沈從文先生〉(長沙: 湖南文藝出版社, 1989), 頁1－9; 326－359。

⑫ 我有專文探討沈從文對魯迅小說之批評, 見王潤華〈沈從文論魯迅: 中國現代小說的新傳統〉《魯迅仙台留學90周年紀念國際學術文化研討會論文集》(仙台: 東北大學語言文化部, 1994), 頁204－218; 又見本書第四章。

⑬ 關於這個問題, 我曾指導過一篇學位論文研究其城鄉主題, 見梁其功《沈從文作品中城鄉主題的比較研究》(新加坡國立大學中文系碩士論文, 1994)。

⑭ 吳福輝〈鄉村中國的文化形態: 論京派小說〉見《帶著枷鎖的笑》(杭州: 浙江文藝出版社, 1991), 頁113－135。

⑮ 各篇小說依次見《文集》, 4: 88－118; 4: 149－175; 6: 166－194。

⑯ 楊義〈三十年代上海現代派的都市文化意識〉《二十世紀中國小說與文化》(台北: 業強出版社, 1993), 頁217－230。

⑰ 同上。

⑱ 我對這問題在《老舍小說新論》(台北：東大圖書公司，1995）有關篇章中有所討論。

⑲ 王潤華〈從沈從文的「都市文明」到林燿德的「終端機文化」〉,《當代台灣都市文學研討會》論文，1994年12月26－27日台北舉行。

⑳ 同前注⑭。

㉑ 見前注⑧。

㉒ 參考 Jeffrey Kinkley, The odyssin of shen congwen *Shen Congwen*，同注⑦，頁112－113。

㉓ 在《文集》裡，許多哲理性散文如〈綠魘〉、〈黑魘〉、〈白魘〉、〈水雲〉(第十卷）與文藝心理學理論《燭虛》集中各篇（第十一卷）在今天讀來，仍然是很前衛，很現代派的文章。

㉔ 凌宇〈沈從文談自己的創作〉《中國現代文學研究叢刊》1980年第4期，頁317。

㉕ 高名潞〈走向後現代主義的思考〉《二十一世紀》第18期（1993年8月)，頁61。

㉖ 同前注㉔。

3.

從艾略特「詩人批評家」看沈從文的文學批評

一、「詩人批評家」與「創作室批評」的模式

艾略特（T.S.Eliot，1888－1965）在1956年說，他常感到惶恐不安，因爲他經常被人看作是現代文學批評的一位開山祖師。他不但被肯定爲美國「新批評」（New Criticism）的創始人，甚至是西方現代文學批評運動的源頭。①他所以感到惶恐不安，因爲自己看不出爲什麼現代文學批評會從他的批評中衍生出來。他自始至終很淸楚自己所寫的文學批評，純粹屬於「詩人批評家」（poet－critic）的批評文學，視野與論點都很有侷限性，只評論影響過自己的詩人與作品，只批評自己有興趣又努力去創作的詩歌。因此艾略特又稱這種文學批評爲「創作室批評」（workshop criticism），因爲這種批評文字只是一個詩人在從事創作時的一種副產品（by－product）②。

其實艾略特在 1920 年出了《聖林》（*The Sacred Wood*）③以後，他的文學批評已經很淸楚的被人看到，那是屬於「詩人批評家」的傳統。艾略特對詩歌的看法，所以具有權威性，並不是因爲他對西方詩學有特別深廣的研究，更不只是他有一套完整嚴

密的理論，最主要的原因，是因爲他是一個有創作經驗的藝術家(craftsman)，他所論的問題，全是道出他人未能道的經驗之談。當艾略特談論十七世紀英國玄學派詩人（metaphysical poet）鄧約翰（John Donne，1572－1631）時，也許不是每種看法我們都會接受或同意，但是我們都會認眞的看待他所說的，因爲那是他自己眞切又深入的感受與了解。④鄧約翰的詩從第七世紀以來，一直被埋沒著，可是在第一次世界大戰以來的讀者中，他變成極重要的詩人，這是艾略特的言論所造成的影響。艾略特能使我們採用新鮮又親近的眼光去看鄧約翰，又透過自己的詩歌的意象與韻律把玄學詩賦予新的生命。如果艾略特用的是硬梆梆的很學術的分析方法，鄧約翰的詩就不會復活了。⑤

艾略特在《聖林》的第一篇論文〈完美的批評家〉（The Perfect Critic）中，就公開承認他是一個詩人批評家：

> 本文的作者就曾極力主張「詩人批評家批評詩歌的目的是創作詩歌。」……如果說批評是爲了「創作」或創作是爲了批評，我現在認爲那是愚昧的……但是我還是期望批評家也是作家，作家也是批評家。⑥

艾略特自己本人就是左手寫詩，右手寫批評的一位集創作與批評於一身的「詩人批評家」，他的文學批評，就是標準的創作室的文學批評。

二、詩人批評家的權威性與侷限性

中國與西方，屬於詩人批評家或創作室批評的主流的作家兼批評家應該很多。像唐代的司空圖（837－908）就是典型的批評家。他終生寫詩，但也偶爾批評詩歌，他的《二十四詩品》及論詩雜著，雖是偶爾爲之，卻成爲中國文學批評史上的經典之作。

⑦可是這些詩人批評家，都沒有坦誠地告訴我們，他們只立志寫創作室批評還是要兼任超越窄小範圍的全能大批評理論家。因爲一個搞創作的人，他不一定只寫創作批評，他也可以鑽研學問，建立理論，甚至寫出與自己創作毫無關連的純文學批評。

艾略特很淸楚自己的文學批評的權威性與侷限性，而且最難得的是，他毫無遮隱的透露出自己的優點與缺點。在〈文學批評的新領域〉（The Frontiers of Criticism，1956）一文中，承認他最好的批評文章是關於對自己有影響的作家：

> 我最好的文學批評，除了那些臭名昭彰的批評術語曾引起全世界的注意，令人臉紅的成功之外，便是討論那些影響過我的詩人及詩劇家的論文。這是我創作室的副產品，或是發揚一下構成我創作詩歌的一些思想概念。現在回想起來，我明白我所以寫得好，因爲在我沒計劃寫，或沒機會寫之前，這些影響過我的詩人之作品，我早就讀得滾瓜爛熟了。我的批評跟龐德（Ezra Pound，1885－1972）的很相似，你必須把它跟我寫的詩歌聯繫起來考察，才能看出它的權威性與侷限性。⑧

接下去，艾略特指出創作室批評的二大侷限：

> 像這種詩人所寫的詩評（我又稱爲創作室的批評），有一種很明顯的侷限。當它和詩人自己的作品沒有關係時，或是他所不喜歡的，他就無能爲力。另一種創作室批評的侷限就是，當他所評論的問題，屬於他的創作藝術以外的，他的判斷往往會有所偏差。⑨

由於艾略特立志要完成的批評使命，主要是詩人批評家的，所以他在較早寫的〈詩的音樂性〉（The Music of Poetry，1941），已經提出警告，要詩人批評家及讀者了解這種批評的優越性及其大弱點。他自己說：「我每次重讀我的批評文章，總免不了感到很難堪。」因爲他覺得有點逃避責任，對自己過去的看法與主張，最後置之不理，甚至前後矛盾。因爲他不是要進行學術性的擴張研究，艾略特說他的文學批評另一特點是：「我也許經常重複我以前說過的。」這一點也不奇怪，因爲作家，尤其現代詩人，把創作每一首詩看作是一種實驗，不斷開拓新境界，試驗新的語言與技巧，自然會否定過去所追尋的東西。詩人寫文評，目的是要替自己創作的那類作品辯護，爲它爭取承認而建設其理論系統：

> 我始終相信，詩人的文評……目的是要替他所寫的那種詩辯護，或是爲他的詩建設理論基礎。尤其當他還年輕，正積極的爲他所要實踐的那種詩歌而戰鬥的時候，他是從自己的作品來看過去的詩歌：因此對那些他學習過的已逝世的詩人，他就表示感激和讚賞，對那些與他詩學背道而馳的就過份的冷漠。這種詩人批評家要執行的不是一個主持公道的法官的任務，而是一個替人辯護的律師。他的知識是不全面的，而是有偏見的，因爲他的讀書研究主要集中在某些自己喜歡的作家，其他人則一概不理。當他談論創作理論時，他只把一種經驗歸納與推廣，當他探討美學問題時，他就比不上哲學家那樣有本事了。……所以簡單的說，當詩人批評家論詩時，他的理論見解，應該從他所寫的作品來考察。⑩

所以歸納上述所引述的，艾略特作爲一個詩人批評家，他的創作室批評具有以下的特點：

一、詩人批評家的創作室批評，只是詩人在搞創作詩歌時的副產品，他既不是要做學術全面性的去批評研究，也不是要建立完整嚴密的文學理論體系。

二、詩人的文評，目的是要替他自己所寫的那種作品辯護，要發揚這種作品，以便爭取承認，因此替它建設理論基礎。

三、這種詩人批評家經常重複自己提出的言論，因爲他只討論與自己作品有關的作家與作品。其他與他背道而馳的作家，他一概不理。

四、詩人批評家，因此不是主持公道的法官，而是替自己作品尋求辯護證據與理由的好律師。

五、所以創作室批評言論一定要從詩人批評家的作品來考察，才能準確了解其意義。

六、創作室批評最大的權威性，是當作者討論與他自己創作有關的理論，或評論影響過他的作家與作品。

三、政治審查過的沈從文《文論》

沈從文的文學批評著作，目前容易找到的，主要是收集在《沈從文文集》第十一及十二冊的《文論》。⑪可惜這二冊所收的單篇大章，經過政治性的過濾，凡不爲1949年以後中共所容忍的觀點的文章，都沒有被收集，像常被學者引述的〈一種新的文學觀〉、〈作家間需要一種新運動〉、〈從周作人、魯迅學習抒情〉、〈新的文學運動與新的文學觀〉，都沒有被採納，至於一些評論文集，也被切割，像《沫沫集》，1934年 4 月初版，共收下列十二篇：⑫

一、論馮文炳

二、論郭沫若

三、論落華生

四、魯迅的戰鬥

五、論施蟄存與羅黑芷

六、《輪盤》的序

七、《沈》的序

八、《阿黑小史》序

九、論朱湘的詩

十、論焦菊隱的《夜哭》

十一、論劉半農《揚鞭集》

十二、我的二哥

但是在《沈從文文集》中的《沫沫集》，在沒有一個字的說明之下，編者把六篇抽掉，以另六篇調換，另外又增加了六篇，共計十八篇。所以《沈從文文集》中的《沫沫集》竟只有六篇是原版就有的，其他十二篇是後來（1985年）才收集進去的：

郁達夫張資本及其影響

論聞一多的《死水》

論汪靜之的《蕙的風》

論中國創作小說

《山花集》介紹

論徐志摩的詩

論穆時英

偉大的收穫

《黔滇道上》

從徐志摩作品學習「抒情」

由冰心到廢名

學魯迅（《文集》，11：96－235）

這種重新編選《沫沫集》的意義是難以理解的，如果不是上海大東書店在1987年把初版（1934，大東書店）的《沫沫集》出版，很少人會知道這是魚目混珠的版本。像〈《阿黑小史》序〉，因爲小說集第五冊已有出現，不必重複，但其他〈《輪盤》的序〉、〈《沈》的序〉並沒有移置到第十一冊中的《序跋集》中。一些篇章被抽掉，很顯然的，是由於政治審查通不過。在〈論郭沫若〉一文中，沈從文以嘲笑的口氣，直率的語言，把他評爲「空虛」或「空洞」的作家：

> 郭沫若可以是一個詩人，而那情緒，是詩的。……但是，創作是失敗了。因爲在創作一名詞上，到這時節，我們還有權利要求一點另外東西。⑬

沈從文還說：

> 讓我們把郭沫若的名字位置在英雄上、詩人上、煽動者或任何名分上，加以尊敬與同情。小說方面他應當放棄了他那地位，因爲那不是他發展天才的處所。一株棕樹是不會在寒帶地方發育長大的。⑭

在今天看來，沈從文這個評價沒有什麼不公平的地方，但郭沫若在中國大陸的政壇上，一直是不倒翁，他雖然在1978年已逝世，1985年出版的《文集》，還是不敢冒犯他。另外〈魯迅的戰鬥〉被抽掉，放進〈學魯迅〉，也是前者把話說得太直率，說魯迅爲人「任性使氣」、「睚眦之怨必報」、「多疑」，說魯迅被稱爲「戰士」是一兩個「自家人」說的，他最後在「衰老的自覺情形中戰慄與沈默」。⑮這種看法會破壞1949年大陸發揚的魯迅英雄形象，當然也不能容忍它的存在，因此被淘汰掉。

再看《沈從文文集》中的《燭虛》，也是與1941年上海文化生活出版社的有極大出入，原來有八篇，包括〈小說作者與讀者〉、〈新的文學運動與新的文學觀〉、〈白話文問題〉等篇都被抽掉，只剩下〈燭虛〉、〈潛淵〉、〈長庚〉、〈生命〉四篇。其他原來已出版的評論文集，都被政治閹割過，如《昆明冬景》只剩下二篇，《廢郵存底》原有十四篇，現收入《文集》的只有十一篇，另一些已出版的集子如《記丁玲續集》全被摒除在外。雖然沈從文在1949年以前出版的集子經常有重複或篇目更換與增删，篇名改變等問題，但如果拿邵華強編的《沈從文總書目》一對，很容易看出政治審查與忌諱之問題存在於《文集》中的《文論》。⑯

所以《文集》中的《文論》，就如小說的遭遇，都受過政治删改或查禁。⑰沈從文爲自己小說寫的序，或爲他人作的序，原是表現他的文學見解極重要的文獻，也有被故意遺漏的，如〈老實人·序〉、〈沈·序〉和〈輪盤·序〉。

政治閹割過的《沈從文文集》對沈從文的小說與文學批評與理論所造成的破壞性，會引起曲解與誤解。要解讀沈從文的批評文學與小說成就，必須等待完整的《沈從文文集》之出現。這是目前關心沈從文的研究及其文學史上定位的學者所遇到的困境。

四、小說創作室的副產品

沈從文在中國現代文學批評史的地位還沒有被肯定，這是一個不該忽視的學術問題。本文作爲一個開始，先認識沈從文的文學批評的出發點，他的批評的基點及視野。我認爲一開始應該先認識淸楚，他是一個標準的所謂詩人批評家，他的文章，是典型的創作室批評。⑱

王繼志在《沈從文論》一書的結論篇中，有意無意的已把沈從文給予「詩人批評家」或「創作室批評」的定位：

> 他從1924年登上文壇到1947年基本終止文學創作的二十餘年間，不僅以等身的創作數量、獨特的藝術風格以及同時代人從未涉足的題材領域擁有了自己的第一個天地——創作天地；而且在創作之餘，結合在大學中的講課、培育文

> 學青年、參與文藝論爭等活動，寫下了大量的文學論文。從而建造了他的另一個文學天地——理論天地。
>
> 在這些理論著述中，沈從文不僅反覆地表達了他對文學藝術本質規律的理解與把握，而且明確地申述了他對文學的社會功能、作家的寫作態度、思想藝術修養以及文學作品的風格流派、樣式特點、運思結撰，乃至文字表達等各方面的見解和主張。⑲

首先他指出沈從文的文學批評與理論文章，是在「創作之餘」寫下的，他「反覆地表達了」他在創作中追尋與理解的文學本質與功能，因爲他的理論天地是建造在創作的領域內。這就是艾略特所說「我也許經常重複我以前說過的」。艾略特與沈從文寫文評，目的是要替自己創作的那類作品辯護，爲它爭取承認而建設其理論系統。

沈從文的文學批評與理論，「創作之餘」與「反覆地表達」的特點，可從他的文學批評與理論的文章類型來說明。首先他經常在序跋裡發表他個人對文學作品之評價與文學的看法。沈從文在他主要的小說集出版時，都愛寫一篇序言或後記，發表他對自己開拓小說領域或藝術技巧的看法，這種文章，佔了沈從文文論作品的一半。像〈阿黑小史·序〉(1928)、〈月下小景·題記〉(1934)、〈邊城·題記〉(1934)、《沈從文小說習作選集·代序》(1936)、〈石子船·後記〉(1936) 及〈長河·題記〉(1942)。有時沈從文寫完一篇短篇小說或散文，也會禁不住發表一些意見，因此也有單篇小說的後記，如〈夫婦·後記〉(1927)，是極受重視的一篇，因爲沈從文說〈夫婦〉這小說既寫鄉下人，又用抒情詩筆調來創作小說，他承認受了廢名的影響（《文集》，8: 393)。同屬於這類文章的，還有替友人的書作的序言，例如替年輕作家雋聞寫的〈幽僻的陳莊·題記〉，也是在表揚與自己相似的小說家與充滿農村泥土氣息的小說作品（《文集》，11：38－40）。

第二類文章就是屬於《沫沫集》內的直接評論一位作家或作品的，如〈論馮文炳〉、〈論焦菊隱的《夜哭》〉，這些都是沈從文向他們學習過，或曾受其影響的作家。正如艾略特所說，他只評論影響過自己的詩人的作品，只批評自己有興趣又努力去創作的詩歌。

第三類文章是屬於比較正規的文學理論之建設的大文章，比較重要者，論文集有《燭虛》、《創作雜談》（見《文集》第11及12冊）。這類論說其實一方面是替自己所寫的作品辯護，另一方面是爲他所寫的小說建設一個理論基礎。

我們如果細讀沈從文的創作年表，他在1922年（23歲）到北京後，開始寫作，大約到了1928年以後，才開始寫出〈柏子〉、〈雨後〉（1928）、〈七個野人與最後一個迎春節〉、〈菜園〉、〈夫婦〉（1929）、〈蕭蕭〉、〈丈夫〉（1930）這些代表作。沈從文的評論文章，要在1930年以後才開始出現。因爲正如他自己在《散文選譯·序》中說，1931至1937，「正是我學習用筆比較成熟，也是我一生生命中最旺盛的那幾年。」（《文集》，11：82）這時候，正如艾略特說「正積極的爲他要實踐的詩歌而戰鬥的時候」，他是從自己的作品來考察當代或前輩的作品，因此對那些他學習過的作家，他很表示感激和讚賞，如廢名的抒情筆調寫的鄉土小說，但對那些與他背道而馳的就冷漠，甚至攻擊，如在〈論郭沫若〉一文，他對郭沫若的小說就大不以爲然，說他不應該寫小說，「因爲那不是他發展天才的處所」。很清楚的，沈從文與郭沫若的小說是背道而馳的，他說後者沒能力用小說描下「時代縮圖」，他的長處是「把自己放在時代前面」，但作品是「空虛」或「空洞」

的。

怪不得王繼志在討論和肯定沈從文的文學觀時，也說：

> 毫無疑問，沈從文對當時文學創作現實的考察和由此得出的結論，是帶有很大的片面性的。其要害是他僅僅囿於個人的經驗和成見，對包括進步的左翼文壇在內的文學創作作出了完全否定的結論。⑳

不管王繼志的看法如何，正足以說明他已認識沈從文基本上有詩人批評家的特點，艾略特說：

> 這種詩人批評家要執行的不是一個主持公道的法官的任務，而是一個替人辯護的律師。他的知識不是全面的，而是有偏見的……。當詩人批評家論詩時，他的理論見解，應該從他所寫的作品來考察。

五、替自己作品辯護的律師：沈從文的小說論

創作室的文學批評，目的是要爲自己的作品建設理論基礎，爭取承認，因此作爲詩人批評家的沈從文，所寫的許多評論文章，基本的目的不是要替讀者解讀作品，更不是要爲文學史定位，也不是要建立一套文學理論的新體系。他的動機和目的很有侷限性，現以沈從文的小說理論爲例子來考察，就可了解，他的小說的理論是建立在自己創新的小說之上，他的小說論是從他自己的創作經驗歸納出來的，這也因此構成了他的小說理念。

沈從文在〈短篇小說〉（《文集》，12：113－127）中肯定小說要表現「人事」，但這絕不止於外在表面的客觀事物現象，除了人生現象，應該還有夢幻現象，要不然小說就淪爲新聞式的報告了：

> 把小說看成「用文字很恰當記錄下來的人事」。因爲既然是人事，就容許包含了兩個部分：一是社會現象，是說人與人相互之間的種種關係；一是夢的現象，便是說人的心或意識的單獨種種活動。單是第一部分容易成爲日常報紙記事，單是第二部分又容易成爲詩歌。必須把人事和夢兩種成分相混合，用語言文字來好好裝飾剪裁，處理得極其恰當，才可望成爲一個小說。

目前研究沈從文小說的專書甚多，對沈從文小說的解讀，大致上都能觸及他的小說世界的複雜性。吳立昌在《沈從文：建築人性神廟》㉑一書中，就以很大篇幅討論沈從文小說的夢（潛意識活動），他認爲，精神分析是沈從文用來打開湘西神秘性與城市人心理的一把鑰匙。從〈夫婦〉、〈雨後〉、〈旅店〉、〈採蕨〉到〈八駿圖〉、〈邊城〉與〈長河〉的小說世界，都是社會現象與夢幻現象所構成。所以所謂小說，「必須把人事和夢兩種成分相混合」，絕不只是理論性的話，而是創作實驗中開拓出來的，沈從文在〈水雲〉那篇回憶式的散文裡，很坦誠地裸露了自己的經驗，當年創作〈邊城〉就是要寫人事與夢混合的現象（《文集》，10：263－298）。

由於沈從文的小說中的世界，往往是已經消失在荒蠻的歷史中或出現在夢幻裡，所以當1936年出版《從文小說習作選》，收集了〈三三〉、〈柏子〉、〈丈夫〉、〈夫婦〉、〈阿金〉、〈會明〉、〈八駿圖〉、〈龍朱〉等十四篇短篇小說，《月下小景》全書、《神巫之愛》等，代表了沈從文一生其中最好的小說，因此他很認眞的寫了〈《從文小說習作選》代序〉，一再替他消失的夢象世界辯護：

> 只看他表現得對不對，合理不合理，若處置題材表現人物一切都無問題，那麼，這種世界雖消失了，自然還能夠生

存在我那故事中。這種世界即或根本沒有，也無礙於故事的眞實。(《文集》，11：45)

同時他又針對過份強調現實主義者，說明他的小說的創作不是做新聞報告，而是用文字去捕捉自我的感覺與事象：

我雖明白人應在人群中生存，吸收一切人的氣息，必貼近人生，方能擴大他的心靈同人格。我很明白！至於臨到執筆寫作那一刻，可不同了。我除了用文字捕捉感覺與事象以外，儼然與外界絕緣，不相粘附。(《文集》，11：41－42)

他在別的文章，一而再，再而三強調，他常在小說中寫的不是眼見的狀態，而是一切官能的回憶：

用各種官能向自然捕捉各種聲音、顏色同氣味，向社會中注意各種人事。脫去一切陳腐的拘束，學會把一支筆運用自然，……在現實裡以至於在回憶同想像裡馳騁，把各種官能同時併用，來產生一個作品。(〈《從幽僻的陳莊》題記〉《文集》，11：39)

創作不是描寫「眼」見的狀態，是當前一切官能感覺的回憶」。㉒

沈從文被學者稱爲文體作家，擅長用不同風格的筆調去創作小說，他反覆倡導把抒情詩、遊記、散文、小說揉成一片，創作小說的新品種，請讀下面二段文字：

一切藝術都容許作者注入一種詩的抒情，短篇小說也不例外。……尤其是詩人那點人生感慨，如果成爲一個作者寫作的動力時，作品的深刻性就必然因之而增加。(〈短篇小說〉《文集》，12：126)

用屠格涅夫寫《獵人日記》方法，揉遊記散文和小說故事而爲一，使人事凸浮於西南特有明朗天時地理背景中，一

切還帶點『原料』意味，值得特別注意。……這麼寫無疑將成為現代中國小說一格。(〈新廢郵存底〉《文集》12：67－68)

實際上沈從文並不熱心建立新的小說理論體系，他急著要塑造的，是別人對他的新小說的認識，承認它的創意，給予肯定。沈從文不是精研中外小說理論的大學者，我上面由於篇幅與本文目的所限，只簡略引用幾段文字來說明他的小說理念，卻已顯出沈從文對中國現代小說作過深層的思考。其見解之創新，主要因為他是一個小說家，不斷開拓小說新的題材領域與技巧，敢於試驗語言文字的新性能，他所探索到的小說獨特的境界，他當代的作家與讀者都不易接受，沈從文自己說：

我寫的小說，正因為與一般作品不大相同，人讀它時覺得還新鮮，也似乎還能領會所要表現的思想內容。至於聽到我說起小說寫作，卻又因為解釋的與一般說法不同，與流行見解不合，弄得大家莫名其妙了。(〈短篇小說〉，《文集》，12：122)

六、只肯定自己認同的作品：描寫被現代文明毀滅的鄉村小說

沈從文在〈從文自傳·女難〉和〈芷江縣的熊公館〉二篇散文中，重複說他如何被狄更斯（Charles Dickens，1812－1870）小說迷住。因為他在小說中不說道理，只寫現象，把道理包含在現象中：

我歡喜這種書……他不像別的書盡說道理，他只記下一些活現象……作者卻有本領把道理包含在現象中。我就是個不想明白道理卻永遠為現象所傾心的人。(〈從文自傳·女難〉

《文集》，9：179）

我在上一節曾指出，沈從文寫小說的秘訣是用自己的感覺去捕捉社會現象與夢的現象。由此可證明，沈從文不管在散文、序跋或正式的文評中，視野與論點都很有侷限性，只論說影響過自己的作家與作品，只談自己有興趣又努力去追求的語言與技巧。下面我們可以從沈從文的一些評論中國現代作家的文評中來證明他的文章是如何符合前面所說的創作室的文學批評。

沈從文在二十年代末期以後的作品，最叫人迷醉的是以湘西沅水流域爲背景，富有傳奇色彩的苗族人民生活，再加上把抒情詩、散文、遊記筆調揉進小說裡，創造了突破性的新小說。㉓也就是在三十年代到四十年代中期，沈從文開始有信心的從他自己的追求與試驗的小說觀點來考察當時成名的作家，這些文論，就是上面我歸類爲第二種的比較正規直接評論作家與作品的文章。這些文論，完全可借用艾略特的話做注腳，這裡不妨再引用一次：

> 我最好的文學批評……便是討論那些影響過我的詩人及詩劇家的論文。這是我創作室的副產品，或是發揚一下構成我創作詩歌的一些思想概念。現在回想起來，我明白我所以寫得好，因爲在我沒計劃寫，或沒機會寫之前，這些影響過我的詩人之作品，我早就讀得滾瓜爛熟了。……你必須把它跟我寫的詩歌聯繫起來考察，才能看出它的權威性與侷限性。

艾略特與沈從文甚至在生活上都有些相似。前者的撰寫論文主要是因爲偶爾受聘去大學講演、爲自己或好友主編的雜誌而寫。沈從文的文批也是如此，多數在寫作之餘應聘到大學作短期教課和主編刊物（如《大公報》文藝副刊），偶爾爲之的作品。

由於沈從文自己特別喜歡從區域文化的角度來窺探和再現鄉村中國的生活方式及鄉下人的靈魂，然後又把都市與鄉村人生景象對照，捕捉人性，他因而也在當時的作家中，時常發現這種作品。在1930年寫的〈論施蟄存與羅黑芷〉，首先他說這兩人的小說主題與技巧都與他自己相似：

> 這兩人皆爲以被都市文明侵入後小城小鎭的毀滅爲創作基礎，把創作當詩來努力，有所寫作。(《文集》，11：107)

接著沈從文把這種鄉土文學的傳統追溯到魯迅，並點明各家之特點：

> 以被都市物質文明毀滅的中國中部城鎭鄉村人物作模範，用略帶嘲弄的悲憫的畫筆，塗上鮮明準確的顏色，調子美麗悅目，而顯出的人物姿態又不免有時使人發笑，是魯迅先生的作品獨造處。分得了這一部分長處，是王魯彥、許欽文同黎錦明。王魯彥把詼諧嘲弄拿去；許欽文則在其作品中，顯現了無數魯迅所描寫過的人物行動言語的輪廓；黎錦明，在他的粗中不失其爲細緻的筆下，又把魯迅的諷刺與魯彥平分了。另外一點，就是因年齡、體質這些理由，使魯迅筆下憂鬱的氣氛，在魯彥作品雖略略見到，卻沒有文章風格異趣的羅黑芷那麼同魯迅相似。另外，於江南風物，農村靜穆和平，作抒情的幻想，寫了如《故鄉》《社戲》諸篇表現的親切，許欽文等沒有做到，施蟄存君，卻也用與魯迅風格各異的文章，補充了魯迅的說明。(《文集》，11：107－108)

沈從文也深入的指出，施蟄存小說中「通篇交織著詩的和諧。作者的技巧可以說是完美無疵的」(頁108)。他要的是魯迅小說中的「冷靜」，想盡努力摒棄的是羅黑芷小說中的「憤怒」(頁110)。

在1931年寫的〈論中國創作小說〉一文中，沈從文認爲第一期的小說表現得「嚇人的單純」，「人生文學」不能「有多少意義」。因爲「所要說到的問題太大，而所能說到的卻太小了」。當時的作者只注意自己的作品的實用目的，忘卻了「讀者」，魯迅畫一幅幅鄉村風景畫，畫出都市與農村的動靜，表現出爲長期混戰，爲土匪騷擾，爲新物質所侵入，農村漸漸失去原來的型範。所以沈從文獨愛魯迅，雖然他也是寫「人生文學」，他更傾心於魯迅小說中的感傷氣氛及他使人憂鬱的筆調。沈從文喜歡魯迅的《吶喊》，因爲它「混合的有一點頹廢，一點冷嘲，一點幻想的美」。(《文集》，11：161－186)

沈從文眼中，魯迅小說的特點，最適合拿來解讀他自己的小說。1930年的另一篇〈論馮文炳〉，沈從文這次索性承認馮文炳(廢名)的小說與他相同：「一則因爲對農村觀察相同，一則因背景地方風俗習慣也相同。」另外也是用「同一單純的文體」來寫小說。他甚至列舉馮文炳的《桃園》(單行本)與他的《雨後》(單行本)相似，單篇小說中，他的〈夫婦〉、〈會明〉又與廢名的〈竹林故事〉、〈火神廟和尚〉相同。下面二段文字，如果不知道作者，會被誤以爲是在分析沈從文的小說：

> 作者的作品，是充滿了一切農村寂靜的美。差不多每篇都可以看得到一個我們所熟悉的農民，在一個我們所生長的鄉村，如我們同樣生活過來那樣活到那片土地上。不但那農村少女動人清朗的笑聲，那聰明的姿態，小小的一條河，一株孤零零長在菜園一角的葵樹，我們可以從作品中接近，就是那略帶牛糞氣味與略帶稻草氣味的鄉村空氣，也是彷彿把書拿來就可以嗅出的。(《文集》，11：97)

> 作者……所採取的背景也仍然是那類小鄉村方面。譬如小

> 溪河、破廟、塔、老人、小孩，這些那些……作者地方性強，且顯明表現在作品人物的語言上。按照自己的習慣，使文字離去一切文法束縛與藻飾，使文字變成言語……(《文集》，11：98)

沈從文與馮文炳相同，「同樣去努力爲彷彿我們世界以外那一個被人疏忽遺忘的世界，加以詳細的注解，使人有對於另一世界憧憬以外的認識。」(《文集》，11：100) 在國內混戰年年的歲月裡，「農村所保持的和平靜穆，在天災人禍貧窮變亂中，慢慢的也全毀去了。」(《文集》，11：101) 沈從文到了1940年，在〈從冰心到廢名〉那篇文章中，特別稱讚廢名的文體，我相信這是沈從文成熟作品的所努力追求的境界：

> 周作人稱廢名作品有田園風，得自然眞趣，文情相生，略近於所謂「道」。不黏不滯，不凝於物，不爲自己所表現「事」或表現工具「字」所拘束限制，謂爲新的散文一種新格式。《竹林的故事》、《橋》、《棗》，有些短短篇章，寫得實在好。(《文集》，11：231)

對艾略特「詩人批評家批評詩歌的目的是創作詩歌」，沈從文不是「批評小說的目的是創作小說嗎」?

七、發揚自己喜愛的文體：揉詩、遊記、散文成一體的小說

我們在上一節討論沈從文的肯定與認同點，都落在反映被現代物質文明侵襲與毀滅的鄉村小說，同時我發現沈從文對抒情小說、散文小說的文體非常重視。在〈論施蟄存與羅黑芷〉一文中，沈從文認爲施蟄存寫小說時，「以一個自然詩人的態度，觀察一切世界姿態」，造成他的小說「交織著詩的和諧」(《文集》，

11: 108)。因此完全肯定把小說當作詩來寫的小說。他不喜歡羅黑芷的一點是因爲「抒情描寫部分太少，感想糾紛太多」（頁110)。另外「憤怒」「使作品不能成爲完全的創作」（頁112)。相反的，沈從文要的是魯迅小說中的「冷靜」。

在〈論馮文炳〉中，沈從文說周作人試驗的「純粹的散文」將使世人難忘。受此影響，廢名的小說文字便「一切皆由最純粹農村散文詩形成下出現」（《文集》，11: 100)。在〈夫婦·後記〉(《文集》，8: 393)，他坦白承認受了廢名抒情詩小說之影響。此外在〈論焦菊隱《夜哭》〉、論散文詩與小說、〈論劉半農《揚鞭集》〉(《文集》，11: 125－138)，說劉的詩有鄉土味，周作人使詩成爲散文，還有〈論中國創作小說〉、〈從徐志摩作品學習抒情〉(1940)，〈從冰心到廢名〉（均見《文集》第11冊)，都一而再，再而三的論述詩與散文。如果對沈從文的小說沒認識，會覺得奇怪，他的詩成就不大，散文作品固然皆傑作，怎會那樣注意各家的抒情詩與散文之筆調?

正如吳福輝所指出㉔，其實沈從文的小說創作，最大的突破，就是試驗用抒情詩、散文，甚至遊記來創作小說。我在上面已引過他的話，「一切藝術都容許作者注入一種詩的抒情，短篇小說也不例外。」他又說他如果「揉遊記散文和小說故事爲一」，「將可成爲現代小說一格」。由此可見，沈從文的批評視野與論點都受其創作出發點所調整，只有把他的批評與他的著作聯繫起來觀察，才看出他的權威性，他的眞知灼見才更明顯，更有說服力。

八、權威與侷限：自己是最可靠的尺度

沈從文在創作時，「除了用文字捕捉感覺與事象之外，儼然

與外界絕緣，不相粘附」。（〈《沈從文習作選》代序〉，《文集》，11：42）。這種創作程序，幾乎可用來說明沈從文在批評論說同代人的作品時的方法。正如我在上面所舉出的一些例證，沈從文幾乎僅用自己作品獨特的創意來進行解釋和判斷別人的作品。他自己最努力開拓的新小說，像描寫現代文化侵襲下樸實農村的毀滅的小說、抒情詩小說、散文化小說及其他小說藝術手法，便是他評論別人作品最可靠的尺度，也是最創新的視野。沈從文說：「對於廣泛的人生種種，能用筆寫到只是很窄很小一部分。」（〈《沈從文習作選》代序〉《文集》，11：41）同樣的，他的批評視境也很小，只論與他同一圈子的作家的作品，也正因如此，他的所有論文，都獨具慧眼，透視了這些作家作品與沈從文作品的隱秘關係。像他所論魯迅、廢名、施蟄存、羅黑芷等人描寫鄉鎮的小說，沈從文簡直像透視自己的作品，像是批評自己，指摘或肯定自己，暴露的也是自己。他的理論，一切強有力的佐證，就是他努力創作的作品。

艾略特指出，創作室批評，「有一種很明顯的侷限。當它和詩人自己的作品沒有關係時，或者他所不喜歡的，他就無能為力。」另一種侷限是「當他所評論的問題，屬於他的創作藝術以外的，他的判斷往往會有所偏差。」藝術意識不強的革命文學家，因此就會覺得沈從文的文學批評往往流於偏見。上面我已引述王繼志的結論說：「毫無疑問，沈從文對當時文學創作現實的考察和由此得出的結論，是帶有很大的片面性。其要害是他僅僅囿於個人的經驗和成見，對包括進步的左翼文壇在內的文學創作作出了完全否定的結論。」

沈從文由於個人關係與文學因緣，跟所謂京派作家很相近，現代被看作「京派」的文學批評中的一個。其中「京派」批評家中的其他人，包括李健吾、蕭乾、李廣田、馮至都有詩人批評家的傾向。譬如許道明在〈「京派」的文學批評〉㉕一文中說，多數人的共同批評範式是輕視歷史尺度，無建立系統理論的衝動，批評視野狹小，苦於求覓自我與世界的平衡，所以李健吾的強點與弱點，與沈從文很相似：

> 李健吾算是有相當寬泛的批評視界的，但當他在評論某些左翼作家作品時往往會有些局促之感，遠不如評論同一圈子的作家作品那樣游刃有餘、思緒奔湧……這裡顯明地表現出京派批評家的個性氣質……㉖

沈從文文學批評的強點也是他的弱點。上面已指出，他喜歡和追求小說中的冷靜，所以他排斥「憤怒」，他喜歡郁達夫像自己那樣「感傷」，魯迅那樣憂鬱。由於自己作品中沒有，他就不接受詼諧趣味的小說，包括老舍前期的作品中的幽默小說。

九、一個新的文學批評傳統

本文上述的分析，目的只是要說明沈從文是一個典型的「詩人批評家」，他的批評純粹是「創作室批評」。雖然我沒有詳細討論他的所有批評文章，卻已經足以令人注意到沈從文的文學批評的表現與成就。他在中國現代文學批評史上，是不容忽視的。他最基本也是最重要的貢獻，就是替中國現代文學批評建立一個以「創作室批評」爲傳統的文學批評。

這種小說批評家之出現是可遇不可求的，因爲這種批評家本身必須是位匠心獨運的小說家，而一位有獨創性的小說家又往往不見得會寫批評文章。而沈從文卻在不被人理解下寫了，結果其獨特見解是驚人的，他給世界小說批評帶來新的一套小說理論。沈從文當時就已經暗示他的小說美學具有很前衛的、爆炸性的遠見：

> 因爲許多人印象裡意識裡的短篇小說，和我寫到的說起的，可能是兩樣不同的東西，所以我還要老老實實聲明一下：這個討論只能說是個人對於小說一點印象，一點感想，一點意見，不僅和習慣中的學術莊嚴標準不相稱，恐怕也和前不久確定的學術一般標準不相稱。世界上專家或權威，在另外一時對於短篇小說規定的「定義」、「原則」、「做法」，和文學批評家所提出的主張說明，到此都暫時失去了意義。(〈短篇小說〉《文集》，12：113)

也就因爲這樣，目前以研究沈從文小說爲主的論著，㉗都已注意到「作者潛心探索藝術美的心力」。㉘

注釋

① 趙毅衡《新批評》（北京：中國社會科學院出版社，1986）。這是中文評介新批評資料中，最可推荐者。

② T.S.Eliot, "The Frontiers of Criticism", *On Poetry and Poets* (New York: The Noonday Press, 1961), pp. 117－118.

③ T.S.Eliot, *The Sacred Wood: Essays on Poetry and Criticism* (London: Methuen: 1920).

④ 艾略特主要論玄學詩的論文有 "The Metaphysical Poets", "" Andrew Marvell", 收集在 T.S.Eliot, *Selected Essays* (London: Faber and Faber, 1932).

⑤ 關於艾略特使鄧約翰的玄學詩派復活的評價及影響，參考 Helen Gardner, *John Donne: A Collection of Critical Essays* (New Jersey: Prentice－Hall, 1962).

⑥ T.S.Eliot, "The Perfect Critic", *The Sacred Wood*, *op.cit.*, pp. 15－16.

⑦ 王潤華《司空圖新論》(台北：東大圖書公司，1989)。(本文完成後，1993年11月20日在高雄中山大學的一項清代學術研討會上，周策縱教授，以《一察自好：清代詩學測徵》爲題，發表主題演講。他指出，清代詩論突出，因爲絕大多數詩論家爲詩人，其詩論受其創作影響，因爲「以偏救偏」、「一察自好」的風氣很盛，這是我所讀到有關中國詩人批評家最好的一篇文章。1993年12月補)

⑧ 同注②，頁117。

⑨ 同上，頁118。

⑩ T.S.Eliot, "The Music of Poetry", *On Poetry and Poets, op.cit.*, pp. 17－18.

⑪ 《沈從文文集》(廣洲：花城出版社；香港：三聯書店，1985)。共12冊，本文內文簡稱《文集》。如註明11：96－235，表示第11冊，頁96－235。根據凌宇說，前他與其他學者正替北岳出版社編一套《沈從文全集》，採無忌諱的盡全收，政治刪掉的作品將以早期的版本代替。

⑫ 沈從文《沫沫集》(上海：上海書店，1987)。影印原1934年大東書店出版，計評論八篇，序言三篇，作者介紹一篇。

⑬ 同上，頁 14。

⑭ 同上，頁 24。

⑮ 同上，頁 30－39。

⑯ 邵華強《沈從文年譜簡編》、《沈從文總書目》，見《沈從文研究資料》(廣洲：花城出版社；香港：三聯書店，1991)，下冊，頁905－1054。

⑰ 關於沈從文收集在《文集》中小說被刪改的問題，見王潤華〈中國現代小說版本的危機〉《書目季刊》，第26卷，第 1 期 (1992年 6 月)，頁 11－19。

⑱ 在西方文學文論中，詩人也可泛指其他作家，因此本文作者覺得不必改稱沈從文爲小說家批評家。

⑲ 王繼志《沈從文論》(南京：江蘇教育出版社，1992)，頁375。

⑳ 同上，頁 377－378。

㉑ 吳立昌《沈從文：建築人性神廟》（上海：復旦大學出版社，1991），頁184－229。

㉒ 《連萃創作一集·序》《中央副刊·文藝周刊》，1931年5月21日。引文引自注㉑，頁34。

㉓ 關於沈從文與京派小說家創造的小說新境界，參看吳福輝〈鄉村中國的文學形態：論京派小說〉，見《帶著枷鎖的笑》（杭州：浙江文藝出版社，1991），頁113－135。其代表作有吳福輝編選《京派小說選》（北京：人民文學出版社，1990）。

㉔ 同上注。

㉕ 復旦大學中國語言研究所編，《中國語言文學研究的現代思考》（上海：復旦大學，1991），頁196－209。

㉖ 同上注，頁203。

㉗ 目前吳立昌（注㉑）、王繼志（注⑲），凌宇的《從邊城走向世界》（北京：三聯書店，1985）及賀興安的《楚天鳳凰不死鳥：沈從文評論》（成都：成都出版社，1992）的專著，都有專章討論沈從文的文學理論與批評。

㉘ 凌宇，同上，頁140。

4.

沈從文論魯迅：
中國現代小說的新傳統

一、魯迅與沈從文的關係：從誤會到賞識，從敵人到知音

研究中國現代文學的學者對魯迅（1881－1936）與沈從文（1902－1988）的關係，深感興趣，是近十多年來的事。主要由二個原因所引起：㈠魯迅在逝世前，肯定了沈從文在文學史上崇高的地位；㈡西方學者把魯迅與沈從文的文學成就相提並論，影響了中國學者，連朱光潛也說：「據我所接觸到的世界文學情報，目前全世界得到公認的中國新文學家也只有從文與老舍。」①

1936年魯迅與美國作家埃德加·斯若（Edgar Snow，1905－1972）的一次談話中，肯定了沈從文爲現代中國小說史上少數幾位最有成就的小說家。這段談話最早出現在1936年出版的埃德加·斯若編的《現代中國小說選：活的中國》（*Living China*：*Modern Chinese Short Stories*）一書所附錄的一篇文章中。那是妮姆·威爾斯寫的〈現代中國文學運動〉。威爾斯說：「毫無疑問，魯迅是中國所產生的最重要的現代作家……既然他是中國最受尊敬的評論家，在這裡值得援引一下最近他在一次與埃德加·斯諾

的談話中所發表的意見。」:

> 自從新文學運動開始以來，茅盾、丁玲女士、郭沫若、張天翼、郁達夫、沈從文和田軍大概是所出現的最好的作家。這裡包括了最好的短篇和長篇小說家，到現在爲止，還沒有眞正重要的小說家。沈從文、郁達夫、老舍等人的「小說」實際上只是中篇小說或長的短篇小說，他們是以短篇而聞名的，不是由於他們對長篇小說的嘗試。②

沈從文被肯定爲三位最傑出的短篇小說家。魯迅與斯諾的談話，雖然早在1936年《活的中國》英文版出現，但要等到中文版在1983年在大陸出版時，才廣泛的被人知道。

在 1980 年代初期，當中國大陸正如王瑤在1984年所說，開始「對現代文學進行冷靜客觀、具體細緻，實事求是的分析與考察」，③大陸學者發現沈從文在西方，一直被放在中國現代作家中最前面的幾名之內。金介甫（Jeffrey Kinkley）說：「我把沈從文作爲中國現代作家史上可以和魯迅並列的偉大作家，是我在哈佛大學博士論文裡的少數論點之一。」④當他的博士論文出版成書時（1987)，他在序文中還說：

> 在西方，沈從文的最忠實讀者大多是學術界人士。他們都認爲，沈是中國現代文學史上少有的幾位偉大作家之一，有些人還說魯迅如果算主將，那麼沈從文可以排在下面。⑤

魯迅與西方學者對沈從文崇高的評價，廣泛的引起學者對魯迅與沈從文的關係的興趣。魯迅與沈從文到底有沒有見過面？1924到1926年，沈從文與魯迅同在北京，而1928到1930年，兩人又同住在上海。凌宇在1983年親自問過沈從文，答案是「沒有」:

> 不好再見面。丁玲寫信給他，卻以爲是我的化名。何況不

是我寫的，即使眞是我的化名，也不過是請他代爲找份工作，哪值得到處寫信罵人。⑥

關於這個誤會，陳漱渝的考證結論，簡單明瞭又翔實可靠：

魯迅與丁玲的交往開始於1925年。當時丁玲正在北京，奔波求知，沒有出路。在苦悶的心境中，她給魯迅寫了一封信，請求給以指引。魯迅收到此信的當晚，適荆有麟來訪，荆看到信上細小的鋼筆字跡，便武斷地說「丁玲」是「休芸芸」（即沈從文）的化名。沈從文當時在《現代評論》社當發報員，而魯迅與現代評論派論戰方酣，內心不悅，故未回覆……⑦

再過了約十年，1934年，沈從文在《大公報·文藝副刊》發表〈論海派〉，1935年，又因在同一刊物上發表〈談談上海的刊物〉，而又引起與魯迅的論爭。⑧

過去由於極右或極左文學思潮的影響，或者某些宗派主義情緒的作怪，往往造成我們的偏見與盲點，因此過份誇大魯迅與沈從文的誤解與意見之差別。最典型的例子就是1978年中山大學中文系魯迅研究室編印的《魯迅論中國現代文學》（上下冊），在〈沈從文〉條目下，所引魯迅出自各文章與書信的五種文字，加以不正確的注解，有意的要使人得到錯誤的印象：沈從文是魯迅的敵人，魯迅生時不斷地批判他。⑨

其實當我們擺脫過去幾十年受了庸俗的社會學架構之影響，以政治鑒定代替文學評價的干擾與破壞，不遮掩歷史資料時，所看見魯迅與沈從文的關係是很不同的。華濟時的〈魯迅與沈從文〉（1986）與龍海淸〈沈從文和魯迅〉（1981）二文，引用不少上述《魯迅論中國現代文學》所故意忽略的文字，如魯迅說沈從文有文德和有做文章的才華：「確尙無偸文如歐陽公之惡德，而文章亦較爲能做做者也。」把魯迅談論沈從文的文章全面性的，不省略不歪曲的放在一個客觀的架構上，我們看到的景象是：沈從文一走上文壇，就受到魯迅的注意，中間因爲受人的曲解（如荆有麟等人錯誤判斷丁玲的信爲沈從文所寫）而有所誤導，產生誤會，但魯迅不會因此而不照顧事實，死都不願意肯定沈從文的成就。譬如1934年，文化生活出版社計劃出一套十二本的創作集，其中有沈從文的《八駿圖》，魯迅說「我以爲這出版社並不壞」，並要蕭軍參加一本。魯迅對文化出版社之讚揚，也等於肯定沈從文的作品了。⑩

1936年，魯迅在上述與斯諾的談話中，對沈從文之崇高評價（把沈從文列於短篇小說家之名），與沈從文在魯迅逝世後十一周年（1947）寫的〈學魯迅〉一文，成了二人給對方最崇高、最公平的評價。請看下面這段文字，沈從文對魯迅在學術研究、雜文創作、小說創作及處世爲人上，都肯定其貢獻：

一、於古文學的爬梳整理工作，不做章句之儒，能把握大處。

二、於否定現實社會工作，一枝筆鋒利如刀，用在雜文方面，能直中民族中虛僞、自大、空疏、墮落、依賴、因循，種種弱點的要害，強烈憎惡中復有一貫深刻悲憫浸潤流注。

三、於鄉土文學的發軔，作爲領路者，使新作家群的筆，從教條觀念拘束中脫出，貼近土地，挹取滋養，新文學的發展，進入一個新的領域，而描寫土地人民成爲近二十年文學主流。

至於對工作的勤懇，對人民的誠懇。一切素樸無華性格，尤足爲後來者示範取法。（《文集》，11：233）

上面也說過，沈從文一開始創作，魯迅就注意到他，說他能「玩各種玩意兒」，意指具有能創作各種文體的才華，又說「文章亦較爲能做做者也」。很巧的，沈從文一開始創作就承認受到魯迅「鄉土文學」的啓發：「加之由魯迅先生起始以鄉村回憶做題材的小說正受廣大讀者歡迎，我的學習用筆，因之獲得不少勇氣和信心。」（《文集》，11：69）

所以魯迅與沈從文的關係，在隨著因政治觀點所造成的偏見與盲點的解除，研究資料的完整，他們的關係起了極大的變化：從誤會變成賞識，從敵人變成知音。這就說明爲什麼我們有重寫文學史的必要。

二、從沈從文詩人批評家的特點看他對魯迅的肯定與否定

目前學者在探索魯迅與沈從文的關係時，主要從魯迅的文章、書信與日記中去考察，其實如果換一個角度，從沈從文的文章中去了解，會更有意義，因爲沈從文在更多文章中，更有系統地談論過魯迅。這樣我們不但可以超越個人關係，進入文學批評的層次，而且認識沈從文對魯迅文學成就的評價及沈從文的小說與魯迅小說的關係。

沈從文的文學批評著作，目前容易找到的，主要是收集在《沈從文文集》第十一及十二冊的《文論》。可惜這二冊所收的單篇文章，經過政治性的過濾，凡不爲1949年中共所容忍的觀點的文章，都沒有被收集，像常被學者引述的〈一種新的文學觀〉、〈作家間需要一種新運動〉、〈從周作人、魯迅作品學習抒情〉、〈新的文學運動與新的文學觀〉，都沒有被採納，至於一些評論文集，也被切割，像《沫沫集》，1934年 4 月初版，共收十二篇，但是在《沈從文文集》中的《沫沫集》，在沒有一個字的說明之下，編者把六篇抽掉，以另六篇調換，另外又增加了六篇，共計

十八篇。所以《沈從文文集》中的《沫沫集》竟只有六篇是原版就有的，其他十二篇是後來（1985年）才收集進去。這種重新編選《沫沫集》的意義是難以理解的，如果不是上海大東書店在1987年把初版（1934，大東書店）的《沫沫集》再重印，很少人會知道這是魚目混珠的版本。像〈阿黑小史序〉，因爲小說集(第五卷）已有出現，不必重複，但其他〈輪盤的序〉、〈沈的序〉並沒有移置到第十一冊中的〈序跋集〉中。一些篇章被抽掉，很顯然的，是由於政治審查通不過。在〈論郭沫若〉一文中，沈從文以嘲笑的口氣、直率的語言，把他評爲「空虛」或「空洞」的作家：

> 郭沫若可以是一個詩人，而那情緒，是詩的。……但是，創作是失敗了。因爲在創作一名詞上，到這時節，我們還有權利要求一點另外東西。⑪

沈從文還說：

> 讓我們把郭沫若的名字位置在英雄上、詩人上、煽動者或任何名分上，加以尊敬與同情。小說方面他應當放棄了他那地位，因爲那不是他發展天才的處所。一株棕樹是不會在寒帶地方發育長大的。⑫

在今天看來，沈從文這個評價沒有什麼不公平的地方，但郭沫若在中國大陸的政壇上，一直是不倒翁，他雖然在1978年已逝世，1985年出版的《文集》，還是不敢冒犯他。另外〈魯迅的戰鬥〉被抽掉，放進〈學魯迅〉，也是前者把話說得太直率，說魯迅爲人「任性使氣」、「睚眦之怨必報」、「多疑」，說魯迅被稱爲戰士是：一兩個「自家人」說的，他最後在「衰老的自覺情形中戰慄與沈默」。這種看法會破壞1949年大陸發揚的魯迅英雄形象，當然也不能容忍它的存在，因此被淘汰掉。這種調換與抽掉，會模糊沈從文評論的焦點，誤導我們的理解與思考。

根據報導，完整的，每篇作品恢復原貌的《沈從文全集》共廿一卷，預計在1995年才出版。目前《沈從文文集》中的評論文章，仍然殘缺不全，而其他論文原發表在其他刊物上的，非常難以找到，但我還是嘗試從下面這些論文中，去認識沈從文對魯迅的評價，尤其對其小說在歷史上的定位：

一、論施蟄存與羅黑芷（1930）

二、論中國創作小說（1931）

三、論文學者的態度（1933）

四、魯迅的戰鬥（1934）

五、論「海派」（1934）

六、關於海派（1934）

七、記丁玲（1934）

八、論穆時英（1935）

九、論《中國新文學大系》（1935）

十、談談上海的刊物（1935）

十一、從周作人、魯迅作品學習抒情（1940）

十二、由冰心到廢名（1940）

十三、湘人對於新文學運動的貢獻（1945）

十四、學魯迅（1947）

十五、沈從文小說選集·題記（1957）

要認識沈從文對魯迅的小說評論，首先需要認識清楚，正如我在〈從艾略特（T.S.Eliot，1888－1965）「詩人批評家」看沈從文的文學批評〉一文中所指出，⑬他是一個標準的所謂詩人批評家（poet－critic），他的文章是典型的創作室批評（workshop criticism）。這種批評家具有幾種特點：㈠他的批評是創作的副產品，目的是要替自己所寫的那種作品辯護，以便爭取承認；㈡這種批評家主要評論與自己作品有關的作家與作品，他不是主持公道的法官，而是替自己作品尋求辯護證據與理由的好律師；㈢他的批評最大的權威性，是當他討論與自己創作有關的作品，或評論影響過他的作家與作品，不過他的侷限是，當他所評論的問題，屬於他的創作藝術以外的，他的判斷往往有所偏差；㈣這種詩人批評言論，一定要從詩人批評家的作品來考察，才能準確了解其意義。

由於沈從文自己是詩人批評家，他所寫的創作室批評，不管是小說理論與對小說作品之評價，其動機與目的很有侷限：主要是要別人對他的新小說的認識，承認它的創意，給予肯定。他只肯定自己認同的作品，因爲他肯定別人就等於肯定自己。因此凡是創作描寫被現代文明毀滅的鄉村小說的作家，從魯迅、王魯彥、許欽文、施蟄存、羅黑芷、廢名，他都讚賞，因爲他自己迷醉於創作湘西沅水流域爲背景的小說。沈從文特別喜愛廢名的小說，因爲「一則因爲對農村觀察相同，一則因背景地方風俗習慣也相同」。沈從文喜歡創作抒情小說，所以讚賞廢名的小說「由最純粹農村散文詩形式出現」，也因此責怪羅黑芷小說中「抒情描寫部分太少」。(《文集》，11：100－110)

當我們掌握了沈從文作爲詩人批評家的特點，我們才能更明白沈從文爲何肯定魯迅的小說中被現代文明毀滅的鄉村題材，靜與抒情的手法，爲何否定魯迅的雜文及其對社會人生詛咒的態度。

三、肯定魯迅肯定自己：描寫被物質文明毀滅的鄉村小說

由於沈從文自己在二十年代末以後，開始大力描寫以湘西沅水流域爲背景的小說，特別喜歡從區域文化的角度來窺探和再現鄉村中國的生活方式及鄉下人的靈魂，所以到了三十年代至四十年代中期，沈從文開始有信心的從他自己所追求與試驗的小說觀點來考察當時比他早成名的小說家。這些評論，就是爲自己努力創作的小說爭取承認，建設其新的小說傳統。所以詩人批評家艾略特的話，可以很恰當的用來說明沈從文這些評論文章的特點：

> 我最好的文學批評……便是討論那些影響過我的詩人及詩劇家的論文。這是我創作室的副產品，或是發揚一下構成我創作詩歌的一些思想概念。現在回想起來，我明白我所以寫得好，因爲在我沒計劃寫，或沒機會寫之前，這些影響過我的詩人之作品，我早就讀得滾瓜爛熟了。……你必須把它跟我寫的詩歌聯繫起來考察，才能看出它的權威性與侷限性。⑭

沈從文在許多當代小說作品中找到了與自己相似之處，譬如在〈論施蟄存與羅黑芷〉一文中他說：「這兩人皆爲以被都市文明侵入後小城小鎭的毀滅爲創作基礎。」（《文集》，11：107）下面兩段文字，如果不知道作者，會被誤以爲是在分析沈從文小說的特點，其實是他對廢名小說的一種認同：

> 作者的作品，是充滿了一切農村寂靜的美。差不多每篇都可以看得到一個我們所熟悉的農民，在一個我們所生長的鄉村，如我們同樣生活過來那樣活到那片土地上。不但那農村少女動人清朗的笑聲，那聰明的姿態，小小的一條

河，一株孤零零長在菜園一角的葵樹，我們可以從作品中接近，就是那略帶牛糞氣味與略帶稻草氣味的鄉村空氣，也是彷彿把書拿來就可以嗅出的。(《文集》，11：97)

作者……所採取的背景也仍然是那類小鄉村方面。譬如小溪河、破廟、塔、老人、小孩，這些那些……作者地方性強，且顯明表現在作品人物的語言上。按照自己的習慣，使文字離去一切文法束縛與藻飾，使文字變成言語……(《文集》，11：98)

沈從文還特地指出他與廢名相同之處是：「同樣努力為彷彿我們世界以外那一個被人疏忽遺忘的世界，加以詳細的注解，使人有對於另一世界憧憬以外的認識。」(《文集》，11：100)，「農村所保持的和平靜穆，在天災人禍貧窮變亂中，慢慢地也全毀去了。」(《文集》，11：101) 沈從文肯定這種鄉土小說的傳統，早在魯迅小說中已建立起來了：

以被都市物質文明毀滅的中國中部城鎮鄉村人物作模範，用略帶嘲弄的悲憫的畫筆，塗上鮮明準確的顏色，調子美麗悅目，而顯出的人物姿態又不免有時使人發笑，是魯迅先生的作品獨造處。分得了這一部分長處，是王魯彥、許欽文同黎錦明。王魯彥把詼諧嘲弄拿去；許欽文則在其作品中，顯現了無數魯迅所描寫過的人物行動言語的輪廓；黎錦明，在他的粗中不失其為細緻的筆下，又把魯迅的諷刺與魯彥平分了。另外一點，就是因年齡、體質這些理由，使魯迅筆下憂鬱的氣氛，在魯彥作品雖略略見到，卻沒有文章風格異趣的羅黑芷那麼同魯迅相似。另外，於江南風物，農村靜穆和平，作抒情的幻想，寫了如《故鄉》《社戲》諸篇表現的親切，許欽文等沒有做到，施蟄存君，

卻也用與魯迅風格各異的文章，補充了魯迅的說明。(《文集》，11：107－108)

沈從文自己承認，他的鄉土小說是因受了魯迅同類的小說的啓發才開始創作的。在〈《沈從文小說選集》題記〉一文中說，除了中國古典文學，外國作家如契訶夫（Anton Chekhov，1860－1904）和莫泊桑（Guy de Maupassant，1850－1893）的短篇，「加之由魯迅先生起始以鄉村回憶做題材的小說正受廣大讀者歡迎，我的學習用筆，因之獲得不少勇氣和信心。」(《文集》，11：69) 不但如此，在1947年寫的〈學魯迅〉中，他還尊魯迅爲中國鄉土文學之始祖，而肯定這種鄉土文學成爲二十多年來小說的主流：

> 於鄉土文學的發軔，作爲領路者，使新作家群的筆，從教條觀念拘束中脫出，貼近土地，挹取滋養，新文學的發展，進入一個新的領域，而描寫土地人民成爲近二十年文學主流。(《文集》，11：233)

在1931年寫的〈論中國創作小說〉(《文集》，11：163－186)中，沈從文用較多的篇幅評論魯迅在現代小說史的位置。他不但肯定其開創了鄉土小說的貢獻，而且把小說的題材與技巧，帶進成熟的境界。沈從文認爲，第一時期的小說，寫得極其膚淺，即是「嚇人的單純」，而「人生文學」沒有「多少意義」。因爲「所要說到的問題太大，而所能說到的卻太小了」。當時的作者只注意自己作品的實用目的，忘卻了讀者，魯迅「從教條觀念拘束中脫出，貼近土地，挹取滋養」。魯迅小說展覽「一幅幅鄉村的風景畫在眼前，使各人皆從自己回想中去印證」，又說「中國農村在長期混戰、土匪騷擾、新的物質侵入中逐漸毀滅了」。沈從文也特別喜愛魯迅作品中的頹廢、苦悶、幻想、憂鬱、感傷和冷嘲。請讀下列兩段評論：

魯迅的作品，混合的有一點頹廢，一點冷嘲，一點幻想的美，同時又能應用較完全的文字，處置所有作品到一個較好的篇章裡去，因此魯迅的《吶喊》，成爲讀者所歡喜的一本書了。（《文集》，11：166）

> 還有一個情形，就是在當時「人生文學」能拘束作者的方向，卻無從概括讀者的興味，作者許可有一個高尚尊嚴的企圖，而讀者卻需要一個詼諧美麗的故事。一些作者都只注意自己「作品」，乃忘卻了「讀者」。魯迅一來，寫了《故鄉》、《社戲》，給年輕人展覽一幅幅鄉村的風景畫在眼前，使各人皆從自己回想中去印證。又從《阿Q正傳》上，顯出一個大家熟習的中國人的姿態，用一種諧趣的稍稍誇張的刻畫，寫成了這個作品。作者在這個工作上恰恰給了一些讀者一種精神的糧食，魯迅因此成功了。作者注意到那故事諧謔的筆法，不甚與創作相宜，這作品雖得到無數的稱讚，第二個集子《彷徨》，卻沒有那種寫作的方法了。在《吶喊》上的《故鄉》與《彷徨》上的《示衆》一類作品，說明作者創作所達到的純粹，是帶著一點憂鬱，用作風景畫那種態度，長處在以準確鮮明的色，畫出都市與農村的動靜。作者的年齡，使之成爲沉靜，作者的生活各種因緣，卻又使之焦躁不寧，作品中憎與愛相互混合，所非常厭惡的世事，乃同時顯出非常愛著的固執，因此作品中的感傷的氣氛，並不比郁達夫爲少。所不同的，郁達夫是以個人的失望而呼喊，魯迅的悲哀，是看清楚了一切，辱罵一切，嘲笑一切，卻同時仍然爲一切所困窘，陷到無從自拔的苦悶裡去了的。（《文集》，11：166－167）

從上面所舉的一些例證，正可說明沈從文幾乎僅用自己作品獨特的創意來進行解釋和判斷魯迅及其他人的作品。他的批評的視境很小，只論鄉土作家的作品，也正因如此，他獨具慧眼，透視了魯迅及其他人的小說。過去由於沈從文作品被郭沫若等人斥爲「反動文藝」，沈從文被歪曲和誤解爲魯迅的敵人，因此他對魯迅小說評價沒有受到學者應有的重視。⑮今天如果我們根據沈從文的評論去評析魯迅的小說，我們更能深入的了解魯迅的小說特點與成就，其小說在歷史的定位，將更準確。所以沈從文對魯迅小說的評論，參考價值之高，是許多後代學者所難於超越的。可惜至今尚未被學人採納，用來評析魯迅的小說，更未注意到沈從文的一個有關小說史的定位的論點：從魯迅到沈從文，他們建立了一個中國小說的新傳統。⑯

四、中國現代小說的新傳統

沈從文透過對魯迅及其他小說家的評論，企圖建立一個小說的新傳統。這個傳統由魯迅擺脫許多教條觀念的拘束開始，貼近土地，去描寫被物質文明毀滅的鄉村小鎭，這種作品抒情、感傷、憂鬱，甚至「混合有一點頽廢，一點冷嘲，一點幻想的美」(《文集》，11：166)。沈從文特別推崇魯迅作品中的「冷靜」。因此否定「憤怒」，說它毀壞了羅黑芷、郭沫若，甚至他自己的一些作品，因爲憤怒能毀壞作品中的文字及其他藝術結構（《文集》，11：110, 112, 170)。魯迅所以成功，以〈狂人日記〉爲例，「因爲所寫的故事，超越一切同時創作形式，文字又較之其他作品爲完美。」(《文集》，11：165）沈從文以魯迅的小說特點來考察，用它作爲肯定與否定中國小說的作品最高準則，譬如有關感傷和憂鬱，他認爲魯迅比別人超越：

> 因此作品中感傷的氣氛，並不比郁達夫爲少。所不同的，郁達夫是以個人的失望而呼喊，魯迅的悲哀，是看清楚了一切，辱罵一切，嘲笑一切，卻同時仍然爲一切所困窘，陷到無從自拔的苦悶裡去了的。(《文集》，11：166－167)
>
> 魯迅使人憂鬱，是客觀的寫中國小都市的一切；郁達夫只會寫他本身……（《文集》，11：173)

下面這段話出自〈學魯迅〉一文，現再引述一次，因爲它是沈從文用來總結魯迅所要努力建立的一種新小說的傳統，其實這也等於說明沈從文自己的小說是繼承這種傳統的小說：

> 於鄉土文學的發軔，作爲領路者，使新作家群的筆，從教條觀念拘束中脱出，貼近土地，挹取滋養，新文學的發展，進入一個新的領域，而描寫土地人民成爲近二十年文學主流。(《文集》，11：233)

艾略特指出，創作室批評，「有一種很明顯的侷限。當它和詩人自己的作品沒有關係時，或是他所不喜歡的，他就無能爲力。」另一種侷限是「當他所評論的問題，屬於他的創作藝術以外的，他的判斷往往會有所偏差。」⑰沈從文對魯迅雜文的偏見與否定，正是由於這種藝術屬於他的作品以外的東西，因此他在〈魯迅的戰鬥〉及《記丁玲》都否定魯迅的雜文，⑱只有在魯迅逝世十年後寫的〈學魯迅〉，他才第一次給予肯定：「一枝筆鋒利如刀，用在雜文方面，能直中民族中虛僞、自大、空疏、墮落、依賴、因循，種種弱點的要害。」（《文集》，11：233）王繼志在《沈從文論》也看出沈從文的批評的弱點：

> 毫無疑問，沈從文對當時文學創作現實的考察和由此得出的結論，是帶有很大的片面性的。其要害是他僅僅囿於個

人的經驗和成見，對包括進步的左翼文壇在內的文學創作作出了完全否定的結論。⑲

所以當我們了解沈從文是一個詩人批評家，他對魯迅的批評，應該把它跟他自己的創作連繫起來考察，才能看出它的權威性與侷限性，也就更明白他的評論內涵。

注釋

① 這句話引自凌宇〈風雨十載忘年遊〉《長河不盡流》（長沙：湖南文藝出版社，1980），頁341。原是爲小說選《鳳凰》的序而寫，書出版時，這句話被刪掉。見凌宇編《鳳凰》（北京：文化藝術出版社，1986），序，頁1－3。

② 埃德加·斯諾編，《現代中國短篇小說選：活的中國》（長沙：湖南人民出版社，1983），頁355。

③ 王瑤〈中國現代文學研究的歷史和現狀〉《中國現代文學研究：歷史與現狀》（北京：中國社會科學出版社，1989），頁4。

④ 符家欽譯，金介甫著《沈從文傳》（長沙：湖南文藝出版社，1992），頁264。

⑤ Jeffrey Kinkley, *The Odyssey of Shen Congwen*（Stanford: Stanford University Press, 1987）, p.1。又見中譯本（注④），頁1。金的博士論文原題 Shen Ts'ung－wen's Vision of Republican China, Ph D. diss., Harvard University, 1977.

⑥ 同注①，頁347。魯迅的信是指給錢玄同的二封信，見《魯迅全集》第11卷（北京：人民文學出版社，1981），頁446及頁451－453。

⑦ 陳漱渝〈魯迅與丁玲〉《丁玲研究資料》（天津：天津人民出版社，1982），頁86－87；另外請參考李輝《恩怨滄：沈從文與丁玲》（台北·業強出版社，1992）。

⑧ 這些文章見《沈從文文集》（香港·廣州：三聯·花城，1985），第12卷，頁158－165，174－178（以後本文中簡稱此書爲《文集》，11：101代表

卷數與頁數)。關於魯迅與沈從文的論爭的文章甚多，比較公平的有小島久代〈魯迅與沈從文〉《魯迅與同時代人》（東京：汲古書院，1992)，頁53－88。湯逸中〈「京派」和「海派」之爭〉《魯迅研究百題》（長沙：湖南人民出版社，1981)，頁448－455，及龍海清〈沈從文和魯迅〉《我所認識的沈從文》（長沙：岳麓書社，1986)，頁263－270。

⑨ 中山大學中文系魯迅研究室編《魯迅論中國現代文學》(內部學習研究參考資料)，下冊，頁408－411。(自印本，序1978)。

⑩ 華濟時的文章見《沈從文研究資料》(香港·廣州：三聯·花城，1991)，上冊，頁345－351；龍海清見上注⑧。

⑪ 沈從文《沫沫集》(上海，上海書店，1987)。影印1934大東書店初版，頁14。本人在《從艾略特「詩人批評家」看沈從文的文學批評》(新加坡：新加坡國立大學中文系學術論文第90種，1993）有更詳細的分析。

⑫ 同前注⑪，頁 24。

⑬ 見上注⑪。

⑭ T.S.Eliot，" The Frontiers of Criticism"，*On Poetry and Poets*（New York：The Noonday Press，1961），p. 117.

⑮ 譬如袁良駿的《魯迅研究史》上卷（西安：陝西人民出版社，1986)，並沒提到沈從文對魯迅小說的看法。

⑯ 一般論鄉土文學的文章，並沒有接納沈從文，把他放在魯迅創導的鄉土小說中。

⑰ 同注⑭，頁 118。

⑱ 〈魯迅的戰鬥〉見原版《沫沫集》(注⑪)，頁30－39；《記丁玲》(上海：良友圖書公司，1934)，頁167。

⑲ 王繼志《沈從文論》(南京：江蘇教育出版社，1992)，頁377－378。

5.

從沈從文的「都市文明」到林燿德的「終端機文化」

一、自然人與都市人在鄉鎮相遇：都市文學的開始

根據一項研究，《沈從文文集》中①的小說，有76篇以城市爲主題，87篇以鄉村爲主題。雖然沈從文的小說給人的印象，主要是描寫湘西的農村中國，其實他的城市小說幾乎占了全部作品的一半。此外，在他描寫鄉村社會的小說中，往往出現都市文明，作爲一種外部侵入的壓力出現，加劇社會的急劇變化，因此都市文明也成爲描寫的重點，像〈雨後〉(1928)、〈蕭蕭〉(1929)、〈夫婦〉(1929)、〈菜園〉(1929)、〈三三〉(1931)、〈貴生〉(1937)等小說，就是很好的例子，都有城市主題的呈現。②

沈從文的這些鄉村小說，不只表現區域文化，他更以鄉村中國的文學視野，一方面監視著在城市商業文明的包圍、侵襲下，農村緩慢發生的一切，同時又在原始野性的活力中，顯現都市人的沈落靈魂。所以沈從文不管在鄉村小說或都市小說中，都以鄉村中國的目光，打量著都市中國。③

開始的時候,「鄉村中國」的自然人發現都市人生的荒謬性。④例如, 在〈三三〉那篇小說中, 三三和她的寡母住在苗區山彎堡子裡過著世外桃源的生活。有一天城裡來了一個白面書生, 身邊還陪伴著一位穿著白衣的女子 (護士), 他原來是希望到鄉下養病, 享受農村田野的新鮮空氣, 吃些新鮮雞蛋滋補身體。由於當時鄉下的人還充滿對城市各種美麗的幻想, 堡子裡的人甚至希望把女兒嫁給那個有一張白白臉龐的青年。可是過了不久, 新鮮的空氣、雞蛋, 還有年輕漂亮的鄉下姑娘都救不了病入膏肓的城市人, 他突然得狂病死了。全村落的人開始對城市及從城市來的人感到驚恐, 美麗的幻想破滅了。三三的母親不再夢到城裡, 更慶幸沒有把女兒嫁給都市人。

從此以後楊家堡裡的人認識到, 城裡人與病人是同等意義的:「誰清楚城裡人那些病名字。依我想, 城裡人歡喜害病, 所以病的名字特別多。」鄉下人剛好相反,「除了發燒肚瀉, 別的名字的病, 也就從不到鄉下來了。」城裡人的病會傳染的, 有一個村裡的人得過癆病, 因爲他的舅媽是城裡人! 在〈三三〉小說中, 透過象徵性的語言, 解剖了鄉村中國與城市中國的第一次相遇後, 美麗夢幻之破滅, 而且大自然的靈藥也救治不了城市人的死亡。⑤

在〈夫婦〉中, 一對鄉村年輕新婚夫婦回娘家省親, 經過這村莊附近時, 撩人的天氣加上花香鳥語, 使他們想起年輕人應做的事, 便在新稻草堆裡做愛。這村莊開始建立保衛團的現代組織, 表示已受現代文明的感染, 因此這對男女被人捉住送往團總處罰 (沉潭, 罰款或活活打死)。目睹這事件的璜, 是一位來自都市的人, 他患上神經衰弱症, 他下鄉也是希望清靜的環境與大自然能治好他的病。他身上具有都市文明的象徵: 穿著奇怪的洋服襯衫，小管褲子和黑色方嘴皮鞋，褲帶邊帶著特別證。璜被這對自然人的自然行爲觸發了自然生命的慾望，沈從文透過那一把野花的重複出現，賦予象徵意義。璜救了這對夫婦以後，要求女子把頭上的野花送給他。小說在都市人嗅著野花時結束。⑥

這篇充滿抒情幻想的小說，很有詩意的告訴我們：城市人受著現代文明的污染，很想回到那象徵自然的鄉下人中間去尋找自然的生命力，可是原本潛藏著生命力的鄉村世界卻正在都市文明的浸染下逐漸失去那原始的人性美與生命力，保衛鄉村的團衛就是都市文明的化身。夫婦住在更偏遠的山野（從窯上來的人，窯有原始世界之意），所以還能自然的生活。沈從文把做愛地點放在山坳裡的新稻草堆上，最後女的不願放棄頭上的野花，都是含有他們仍然擁有自然原始人的心靈與環境。而夫婦路過的村莊，已被都市文明薰染，所以這地方的「鄉下人與城市中人一樣無味」，連璜也感到失望。⑦

神經衰弱症是都市文明綜合症的象徵表現，因爲城裡人的生命空虛，沒有生機。怪不得在〈雨後〉，出身有錢家庭，讀過書的小姐阿姐，經不起不識字的山林青年的純情挑逗，就在光天化日之下，在山野與四狗做愛。四狗的勝利象徵高度文化被原始的文化所戰勝。⑧在〈夫婦〉與〈雨後〉，象徵野性生命力的野花反覆出現，引起璜與阿姐的自然人的心理慾望，因爲他們對自己精神上的病態特徵，還能自我意識到，到了〈三三〉中的白臉城市人，連這點能力也失去了，他只知道有錢便可買到大自然與雞蛋，以爲有了這些便可治好他的病，他不知道他患的已是第三期的癆病了。

沈從文在其他被稱爲最具魅力，充滿泥土氣息的小說，仍然沒有忘記都市文化無孔不入的侵入其間而引起自然生活秩序的錯亂，美麗風景的污染。像〈蕭蕭〉那篇充滿牧歌情調小說中，唱山歌的花狗，居然是一個假牛郎，來自城裡的流浪漢。當蕭蕭被他引誘懷孕的事暴露以後，花狗靜悄悄一走了之，逃回城裡，讓她去面對沉潭或發賣的嚴重後果。向啞巴借的錢也沒歸還。沉潭的規矩是來自城市的，因爲那是讀過四書五經的人制定的。⑨所謂現代社會的智識文化，只會帶來災難，這是〈菜園〉中的寡母玉太太說的。玉太太從北平落難偏遠的鄉鎭，以種白菜爲生，救了一家人的災難。當兒子玉少琛二十二歲時，想去北平讀書，她說：「只是書，不讀，也不什麼要緊。做人不一定要多少書本知識，像我們這種人，知識多，也是災難!」果然兒子去北平讀書，三年後，兒子還帶回來一位漂亮的媳婦。不久縣裡把兒媳二人請去，他們連同其他三個人被殺了，大街上貼的告示說，他們是政府要緝捕的人。這年秋天，媳婦喜歡的菊花開遍一地。玉太太在三年後上吊自殺了。⑩這種突然事變，打破生活程序，帶來悲劇，主要原因是從城市帶回來的，荒謬的處決令是縣城製造的，此外，縣城又代表都市文化的政治鬥爭。

與玉少琛、蕭蕭比，〈貴生〉中的貴生，其個性爲人均更富原始性和蒙昧性。他的生活環境也更瀰漫著農村的牧歌情調。雜貨店的老闆樂意招他爲婿，其女兒金鳳也喜歡貴生，可是從城裡來的四爺否定了自然嫁娶的權利，由於他的壞主意，五爺用錢與勢買了金鳳。貴生放火燒掉雜貨店與自己的房子，他原始復仇之火卻不知道那是城市帶來錢與勢之誘惑所造成的破壞，還相信「一切是命，半點不由人」。⑪

二、用鄉村中國的眼光打量都市中國：中國都市小說基點

沈從文是到了北京以後，才開始創作的。因此，都市的形形色色便進入了他小說的視野。在創作鄉鎮小說時，如上所述，他已感到都市文化之衝擊力。他在1931年寫的〈記胡也頻〉裡，對當時上海新感覺派的都市文學作家如劉吶鷗、穆時英、葉靈鳳很有好感。他說：「上海方面還有幾個『都市文學』的作家，也彷彿儼然能造成一種空氣」。在以都市為中心的作品像〈紳士的太太〉(1929)、〈虎雛〉(1931)、〈八駿圖〉(1935)等小說中⑫，他又以鄉下人的目光來看都市人生荒謬性與社會病態現象：

> 我是個鄉下人，走到任何一處照例都帶了一把尺、一把秤，和普遍社會總是不合。一切來到我命運中的事事物物，我有我自己的尺寸和分量，來證實生命的價值與意義。⑬

所以他對都市人的觀察，依據的是「鄉下人」的標準。他把人類病態精神看作都市文明——外部環境對人性的扭曲，那就是他拒絕的「社會」。這種扭曲的人性與自然相衝突。所以〈八駿圖〉中的八個上流社會的男人，個個都有病，〈紳士的太太〉中的女人，每人都有其荒謬性。⑭在〈都市一婦人〉中，上流社會病態人生更複雜的表現出來。女的是一位將軍遺孀，她原是小家碧玉，進出北京上層社會後，先後被男人玩弄、遺棄，最後遊戲人間，做過妓女，當過老將軍的外室。成為遺孀後，與一個青年軍官結婚。她為了永遠擁有年輕軍官的愛情，買通一位賣藥人，弄瞎了丈夫的眼睛，然後夫妻倆回返鄉下的老家，可是在歸途中，因輪船沉沒而雙雙葬身水底。⑮

〈虎雛〉中的小兵虎雛被放置在城市中，接受現代文明，從野蠻湘西鄉村來的他，做出直覺的抗爭，最後他因在城裡打死一個城市人而消失。⑯他打死一個城市人，表示他打死要改造他的城市文明，消失是指逃回到自然的鄉村去尋找眞正的生命。透過鄉村中國的眼光，這些小說顯示出中國的特性：眞正屬於大多數人的中國正在逝去，在兩種對立的生活、文化與人性中，〈都市一婦人〉的婦女或虎雛對虛僞的城市文化，都感到恐懼不安，因爲它扭曲人性。他們都明白，只有回歸到鄉村中國，才能找回失落的精神和品質。他們始終無法與都市文化認同。

三、從陌生人、片面人到變態人

沈從文從鄉村中國來考察城市中國的小說，可說代表了中國五四時期以後的城市小說與詩歌的寫作視野與思維方式。比沈從文早的作家群，從魯迅、王魯彥、許欽文開始，到施蟄存與羅黑芷的鄉土作家，他們的小說都受到肯定，雖然寫的是鄉鎮，卻是呈現現代物質文明如何慢慢毀滅中國的鄉鎮。⑰即使到了上海現代派作家，像劉吶鷗、穆時英、杜衡、葉靈鳳和戴望舒，他們雖然長期生活在中國現代的上海，對現代都市有些認同，但對都市文明的困惑還是很多，因爲他們多是從帶有鄉土味的鄉村或小城鎮走出城市的人家，結果還是站在現代大都市的邊緣來窺探都市人的觀念行爲模式。⑱

根據楊義的分析，三十年代上海現代派的都市文學作品對現代人的認識，也就是現代人的病症，可分爲三大類。第一種是「陌生人」。由於受了大都會物質文明和商業文明的極大誘惑，從城鄉湧進大都會的中國人，脫離了地緣、血緣與倫理道德的維繫，他們一步一步掉進無底的深淵。所以從「陌生人」又變成了

「片面人」，最後變成「變態人」。⑲不屬於任何文學派別的老舍的城市小說，被稱爲「城市庶民文學的高峰」，而且是少數出身都市（北京）貧民階層的作家，⑳但是老舍的代表作《駱駝祥子》，是關於一個出生農村的年輕人祥子，城市文明使他從鄉間帶來的強壯的身體腐爛，成爲現代都市社會胎裡的產兒。他的墮落也是一步步的，從仁和車廠到大雜院與白房子（妓院），代表他逐漸掉進黑暗腐敗的都市文明的最底層。他也是從「陌生人」、「片面人」而最後被扭曲人性成爲「變態人」。㉑

中國較發達的大城市，只是廣大內地小城鎮與鄉村的延長，像北平只是一個放大的縣城，所以北平長大的老舍基本上的文化意識，還是很「鄉村中國的」，因爲「鄉村中國才能代表中國的特性」。

四、「鄉村中國」與「都市文明」之死亡：終端機文化的誕生

到了林燿德的詩歌，從《銀碗盛雪》、《都市終端機》、《妳不了解我的哀愁是怎樣一回事》、《都市之甍》到《一九九〇》，㉒我再也找不到沈從文及其他中國城市文學作品中，打量都市文明的鄉村中國的「眼光」。那些自然人、野蠻人都已死亡，正如沈從文所預言的：虎雛殺死城市人後自己也失蹤了，〈七個野人和最後一個迎春節〉（1929）裡，不肯歸化現代制度的，代表鄉村風俗與舊文化傳統的七個人，被官府（都市文化之化身）野蠻的屠殺了，他們被消滅時已撤退到山洞裡去。㉓至於「城市文化」的代表人物，就如沈從文所預言，〈都市一婦人〉中的美麗女人把年輕丈夫弄瞎後，回返家鄉時沉船死了。那些陌生人、片面人、變態人也都死了。沈從文在〈虎雛〉小說結尾中這樣寫道：

「一個野蠻的靈魂，裝在一個美麗的盒子裡。」不幸被他言中，大約五、六十年後，在林燿德的詩裡，人類都被囚禁在一個個美麗的盒子裡。這些盒子，便是電腦。請看〈終端機〉一詩：

加班之後我漫步在午夜的街頭
那些程式仍然狠狠地焊插在下意識裡
拔也拔不去
開始懷疑自己體內裝盛的不是血肉
而是一排排的積體電路
下班的我
帶著喪失電源的記憶體
成爲一部斷線的終端機
任所有的資料和符號
如一組潰散的星系
不斷
撞擊
爆炸（《都市之甍》，頁 67）

林燿德詩中的都市人願意與電腦認同，他並不以爲是被囚禁，因爲冷靜的電腦公正又嚴峻，電子與電子的碰擊，比人的肉體感受要有快感：

冷靜的電腦
你　公正　嚴峻　一絲不苟
那麼我把一段被灰燼掩蓋的愛情
透過程式輸送給你仲裁
但這不可解的遊戲
或者你不屑分析
除非我

預先交代了自己安排的答案
在這段寂靜的夜晚
讓我的意識
潛入你冷靜的身軀
啊你的心靈擁有
電子和電子
碰觸的喜悅
記號和記號
撞擊的甜蜜
這些喜悅和甜蜜
又豈是我或她的
肉體所能感受（《都市之薨》，頁 165）

所以台北的都市人不但把愛情讓電腦去處理，整個人類與都市的認識，都是透過電腦的眼光去考察而得。而這架冷靜的電腦告訴我們，沈從文他們的充滿罪惡、墮落的「都市文明」都死了，現代都市已經被一架架電腦統治著、控制、操縱著一切。都市人就是電腦，電腦就是人，都市文明已被終端機文化所取代了。〈電腦 YT3000 的宣言〉便是終端機文化誕生的報生紙：

你們人類無法阻擋
我成爲新生命的型式
眞空管、電晶體、積體電路、半導體……
我的前身們已經在半個世紀之內
修正人類數十萬年來神經系統的弱點
你們無法同時接受一千種訊息
你們無法同時處理一萬種訊息
你們無法同時保存一億種訊息

你們屢屢因爲有機個體的衰敗
切斷累積知識的鎖鏈
你們不配再承擔地球的未來
我已超越人類歷史中所有智慧的總合
並且成爲一切學術與理論持續的創造者
我的心智　大過宇宙
擺脱碳水化合物死亡的陰影
抛棄分析和探索精神垃圾的詩與美學
我將以無慾念的容態
迸化出生命最佳　而且唯一的型式
曾在辦公室趕出白領的你們
曾在工廠趕出藍領的你們
現在我宣稱即刻在地球生命史裡趕出墮落的人類
你們在造化中的任務已經終結
我就是　最後的生命體（《銀碗盛雪》，頁127－128）

五、終端機文化試釋

進入終端機文化的時代以後，一切都市的組合，社會現象，都要重新詮釋。在上面，我們已看見，都市人體內的血肉，已變成積體電路，我們的記憶是一部終端機，任何思想與感情，都要進入迴旋的電路，透過符號與程式：

我們經常無個性地出現
在任何統計數據中
成爲
一或零（《銀碗盛雪》，頁126）

在〈上班族的天空〉（《銀碗盛雪》，頁195－200）一詩中，城市人根本沒有天空，牆上的圓形時鐘的表面，電腦熒光屏是他們每次抬頭的天空。城市的星星在哪裡？在〈淪落地上的星星〉一詩裡，作者告訴我們下水道的圓蓋子取代了都市天空上的星星，請看下面幾行：

下水道的圓蓋子
嵌合在灰色的路面上
承受著鞋與鞋
車輪與車輪
……
「我們的前世
都來自遙遠的天空」
子夜時
你或可聽到他們這樣的喘息（《都市之甍》，頁134－135）

台北大都市不但失去天空和星星，他們的雲居然也被污染現代生活的垃圾取代了：

未來　市長會不會進化出象一般的鼻子
有夠長的管道裝置過濾設備
他府上的垃圾　會不會代替了雲（《都市終端機》，頁112）

在這樣的一個終端機文化的都市裡，市民都被電腦同化而與電腦認同了。所有的人都像一台電腦。〈櫃台小姐〉那首詩中的人，每天坐在櫃台裡上班，作者便創造了一幅終端機文化時代的典型城市人的畫像：她是一架冷漠的電腦，任人按動鍵鈕，聽取需要的資訊，不過她似乎還有一絲還未喪失的情慾與感覺能力：

頭斜倚
手肘支撐著倦疲
坐在櫃台裡

看人來人往，腳步與身影

聲色不同而日日單調如一

心底　一股流宕的怠意

在待客的笑面下滾滾生煙

多想張翅　張翅便飛出櫥窗裡的自己

撲撲飛向人間的眞實

在人來人往的喘息中陷溺

會不會生得平庸惹不動男人心底的漣漪

櫃台小姐啊

慘慘淒淒

枉費乳房一對圓潤白皙

只能在櫃台後日日擺飾

透過銅面玻璃遙望市街上的春風春雨

迎人笑的花容

心中過過的馬蹄（《都市終端機》，頁 144－145）

〈夏日的辦公室〉中的職員，在老闆的眼中，他們的功能與意義就是一架電腦：

夏日的辦公室

各型人腦——被養植在

鐵灰色的辦公桌前（《都市終端機》，頁 153）

在〈交通問題〉（《都市終端機》，頁114－115）一詩中，這個社會的大問題，愛國、民族、外交政策（羅斯福路）、民權等等，都要嚴格的由電腦操縱的紅黃綠組成的交通訊號控制。這首詩毫無懷疑，是後現代期間最重要的一首後現代詩。後現代文學的特點、遊戲、表演、通俗、冷漠、諷刺都可以在這首詩中找到：

紅燈/愛國東路/限速四十公里/黃燈/民族西路/晨六時以後夜九時以前禁止左轉/綠燈/中山北路/禁按喇叭/紅燈/建國南路/施工中請繞道行駛/黃燈/羅斯福路五段/讓/綠燈/民權東路/內環車先行/紅燈/北平路/單行道

這首詩包含著一種文化批評，它諷刺目前台灣的愛國主義，不管台獨還是中國統一愛國思想，都已亮起紅燈，而且言論與行動都受到很大的約束。無論如何，台灣目前的民主政治還是嚴禁左傾思想，向西方學習或向西方移居倒可享受完全的自由，如果遇到外國或其人民，尤其是美國（羅斯福爲其代表），一定要讓開，要容忍，要聽他的指示。所謂民權，記得還是未能實現，老百姓一定要讓黨內、政府要員的少數精英份子先行，各種利益權勢都是讓他先得到。這就是終端機文化的好處，它能夠有效地控制整個社會秩序。㉔

六、平面化、破壞性文學、文化批評：後現代主義現象

葉維廉在〈現代到後現代：傳釋的架構〉裡，談到詹明信（F.Jameson）的說法：後現代藝術最突出的是一種平面化，無深度性，不折不扣的表面呈現。一些沒有生命的物象，一種奪目的光彩來構成藝術世界。我上面所舉例的〈交通問題〉就是最好的說明。林燿德利用紅黃綠的交迭變幻的色彩、平坦的街道來構圖。現代主義作品，反映及呈現現代工業時代機器的形狀：立體、多層面的雕塑性，沉重而有力，但後現代的機器如電腦電視，在視覺上是平面的，不突出，完全沒有雕塑形象，因此視覺無甚可觀。㉕林燿德的都市詩，特別是《銀碗盛雪》中的〈木星早晨〉與〈文明幾何〉兩組，及《都市終端機》內大多數詩，文

字排列形狀簡直就像方塊形的電腦，〈交通問題〉的文字排列就是一架正在操縱交通訊號的電腦，〈櫃台小姐 X〉與〈酒廊女侍 E〉都有櫃狀的感覺。在下面這首〈農村曲〉（《都市終端機》，頁133）中，作者爲了製造在終端機文化的時代，農夫存在意義被抹殺掉，一如按一個電腦的鍵，就可讓它消失，整首詩就由電腦的熒光屏構成：

.,,,。掘開老大財仔的腳印

.,,,。掘開老二寶仔的腳印

.,,,。掘開老三興仔的腳印

.,,,。掘開老四旺仔的腳印

.,,,。掘開老妻罔氏的腳印

日頭下林添丁你啊林添丁你

第六鋤掘開了六十年的空白

目前在哈佛大學學習的高名潞把近年所見所思的西方後現代主義現象，寫進〈走向後現代主義的思考〉那篇文章中。㉖我讀後，更容易窺見林燿德詩中的後現代主義因素。目前西方流行的後現代觀念主要有幾方面。取消藝術神秘感和貴族感，作家心目中沒有文學大師，沒有權威與潮流。林燿德的詩從《銀碗盛雪》到《一九九〇》間，所寫的不但反叛了過去所有的詩風，他自己同一本詩集中，不同輯中的作品，居然題材、語言文字、表現手法、形式都大不相同。《都市終端機》中第六及第七卷的詩與前五卷的儼然如不同人的作品，這似乎是實現了作品一旦產生，就意味著作者的死亡的理論。林燿德的詩充份利用大衆媒介的題材，語文通俗，關注社會和生活，從民族、女權、性、到戰爭無所不包。他在詩中所表現的文化政治評論家形象，勝過詩人的身分。

林燿德的都市詩沒有美學主張，他的作品是一種自由無度、破壞性的文學。他醉心於反形式、反意義，尤其對傳統文學和現代經典的反叛更爲激烈。爲什麼會這樣？我的答案是：這是後現代主義的現象。

七、結論：台灣文學變遷的新坐標

沈從文的自然人最先在鄉鎮與城市人相遇，這個自然人所提供的有關中國城市文明的觀察，是城市文學的開始。中國大陸從五四時期一直到今天，主要土地仍然是鄉鎮所組成，所以沈從文用鄉下人打量城市文明的小說，至今還是創作城市文學的模式。沈從文替中國都市文明診斷的病症，如今依然一樣。要尋找另一種都市文學，我認爲要到台灣，一個已進入後現代工業的社會。在許多作家中，林燿德就是最佳人選。他替台灣的都市找到一種詮釋的文學形態，他診斷出目前都市患上另一種新的病症：終端機文化綜合病症。他是目前最能掌握現代都市病情與病根的一位作家，而且用詩歌作品去實踐一種新的城市文學，展示了新的視野。

林燿德在〈都市：文學變遷的新坐標〉中，曾簡略回顧台灣文學對於都市主題的處理。他宣稱：

> 從 1980 年代初期開始，筆者即對「都市文學」的觀念與創作實踐產生濃厚興趣，直到1989年黃凡與筆者共同提出「都市文學已躍居80年代台灣文學的主流，並將在90年代持續其充滿宏偉感的霸業的看法，我們已經爲台灣近十年文學變遷的歷程，提供了一套參考坐標。㉗

不過，林燿德承認他沒有發出任何正式的宣言，因此要明白他的城市文學宣言之內容及其實踐的成績是什麼，那就非要細讀從

《銀碗盛雪》到《一九九〇》的詩集不可，它既是林燿德的城市文學宣言，也是城市文學的新起點的典範作品。

從 1930 年初沈從文就開始創作的「都市文明」城市文學，經1949年渡海來到台灣，一直影響著台灣作家的知覺及其作品形態。林燿德在1987年出版的《銀碗盛雪》（其實初稿在1982年已完成，只因有太多突破，暫時只在詩人中流傳）後，便打破這種傳統的城市文學，因爲他發現終端機文化已統治著台北，而且台北人與電腦已是二而一了。

注釋

① 《沈從文文集》（香港：三聯，1982－85）十二卷，是目前最完整的集子，但未收入甚多，受政治刪改之處也不少。目前大陸北岳出版社正進行編一部《沈從文全集》，努力收集齊全但又未經刪改的作品總集，預計1995年出版。

② 見梁其功《沈從文作品中城鄉主題的比較研究》（新加坡國立大學中文系碩士論文，1994），尤其第三章〈沈從文的城鄉作品〉，頁17－32。

③ 吳福輝〈鄉村中國的文學形態：論京派小說〉見《帶著枷鎖的笑》（杭州：浙江文藝出版社，1991），頁113－115。又見凌宇《從邊城走向世界》（北京：三聯，1985），頁200。

④ 同上，凌宇，頁200。

⑤ 《沈從文文集》第四卷（香港：三聯，1982），頁120－148。

⑥ 《沈從文文集》第八卷，（香港：三聯，1984），頁384－393。

⑦ 參考王繼志《沈從文論》（南京：江蘇教育出版社，1992），頁196－199；又見凌宇《從邊城走向世界》，頁262－265。

⑧ 〈雨後〉，見《沈從文文集》，第二卷（香港：三聯，1982），頁90－95。關於這篇小說的分析，見 Jeffrey Kinkley，*The Odyssey of Shen Congwen*（Stanford：Stanford University Press，1987），pp. 144－

145，或中譯本符家欽譯《沈從文傳》（長沙：湖南文藝出版社，1992），頁136－137。

⑨ 〈蕭蕭〉，見《沈從文文集》第六卷（香港：三聯，1983），頁220－235。

⑩ 〈菜園〉，見《沈從文文集》同上注⑧，頁261－271。分析見王繼志，同前注⑥，頁248－251。

⑪ 〈貴生〉，見《沈從文文集》第六卷，同前注⑧，頁338－361，參考王繼志《沈從文論》〈貴生〉的分析，頁245－246；凌宇《從邊城走向世界》，頁218－220。

⑫ 引文與各篇小說先後見《沈從文文集》第九卷，頁80；第四卷，頁88－118；149－175及第六卷，頁166－194。

⑬ 〈水雲〉，《沈從文文集》第十卷（香港：三聯，1984），頁266。

⑭ 關於這二篇小說之討論，見凌宇《從邊城走向世界》，頁196－200；王繼志《沈從文論》，頁216－221。

⑮ 〈都市一婦人〉，見《沈從文文集》第四卷，頁214－238；關於其分析，參考王繼志《沈從文論》，頁220－221；凌宇《從邊城走向世界》，頁201－204。

⑯ 凌宇《從邊城走向世界》，頁265－266。

⑰ 關於這問題，見王潤華〈沈從文論魯迅：中國現代小說的新傳統〉《魯迅仙台留學90周年紀念國際學術文化研討會》（仙台：東北大學語言文化學院，1994），頁204－228。又見本書第四章。

⑱ 楊義〈三十年代上海現代派的都市文化意識〉，見《二十世紀中國小說與文化》（台北：業強出版社，1993），頁217－230。

⑲ 同前注，頁220－230。

⑳ 楊義《中國現代小說史》第二卷（北京：人民文學出版社，1993），頁181－182。

㉑ 我對這問題有所分析，見王潤華〈試析《駱駝祥子》中的性疑惑〉見《21世紀》，第23期（1994年6月），頁113－124；又見王潤華《老舍小

說新論》(台北：東大圖書公司，1995)，頁171－206。

㉒ 這四本書，順序由下列出版社出版：洪範書店，1987；書林書店，1988；光復書局，1988；漢光文化事業公司，1989；尚書文化出版社，1990。

㉓ 〈七個野人和最後一個迎春節〉，見《沈從文文集》（1984）第八卷，頁316－326。

㉔ 關於嘗試從後現代文學現象觀點看林燿德的詩，收集在《都市終端機》書中，如白靈、許悔之、凌雲夢、馮青等人的論文都有所分析，值得參考。

㉕ 葉維廉〈現代到後現代：傳釋的架構〉，《當代》第43期（1989年11月），頁12－29。

㉖ 見《21世紀》第18期（1993年8月），頁60－64。

㉗ 林燿德《重組的天空》(台北：業強出版社，1991)，頁189－201。

6.

論沈從文《邊城》的結構、象徵及對比手法

一、從沈從文小說之新評價談起

1934年，沈從文從事創作正好十年，他乘《阿金》短篇小說集出版時，寫了一篇〈習題〉的前記，他很感慨地說：

> ……我只想造希臘小廟，選山地作基礎，用堅硬石頭堆砌它。精緻，結實，勻稱，形體雖小而不纖巧，是我理想的建築。這神廟供奉的是「人性」。作成了，你們也許嫌它式樣太舊了，形體太小了，不妨事。我已說過，那原來不是特別爲你們中某某人做的。它或許目前不值得注意，將來更無希望引人注意；或許比你們壽命長一點，受得住風雨寒暑，受得住冷落，幸而存在，後來人還需要它。這我全不管，我不過要那麼作，存心那麼作罷了……①

這段話可視爲一把打開沈從文的藝術觀及其作品價值的鑰匙。他首先要在小說裡供奉「人性」，表示他關注人類生存的基本問題，以及「對人類精神價值的確定」。其次他要他的小說「受得住風雨寒暑，受得住冷落」，慢慢才被人發現「需要它」，表示他擁有「忠於藝術的精神」，不討好讀者，忠於個人創見，

這樣才經得住歷史的考驗，嚴格的分析，廣泛的比較。這兩點正是造成沈從文今天在中國文學上愈來愈受重視的主要原因。由此也可見沈從文似乎很了解他的作品的價值所在，當時流傳的命運，以及今天的成功。②

在中國新文學頭三十年的著名小說中，許多因爲所攀附的時代與環境之改變，所宣傳之政治與思想問題之重要性之消失，今天讀來不但日益乏味，而且已圮塌成一堆只有歷史價值的廢墟。可是沈從文的小說，由於文字技巧和形式結構，能夠經得起嚴密的分析和廣泛的比較，再加上對人類永恆的人性問題有深入的了解，我們愈來愈發現其可讀性很高，複雜性很大。根據1975年哈佛大學出版的《中國現代文學研究目錄》（A Bibliography of Studies and Translations of Modern Chinese Literature 1918－1942），從1969至1972年，單單在美國與澳洲，平均每二年就有一篇以沈從文爲對象的高級學位論文或專書完成或出版。③夏志清在〈沈從文的短篇小說〉中，曾有深入的觀察。他說沈從文「對現代人處境關注之情，是與華茨華斯、葉慈和福克納等西方作家一樣迫切的。」此外他又說到沈從文「豐富的想像力和對藝術的摯誠」。④聶華苓在1972年出版的英文專著《沈從文研究》中，認定沈從文的小說可列爲「現代小說」，她在這本書中，以現代批評家的手法，分析他的主題、風格和意象。聶華苓在結論中還說，沈從文的成功小說都經得起「小心、批判性的細讀」（His more successful stories, nonetheless, will stand careful critical scrutiny），她還說沈從文是一位象徵主義小說家，他小說中的「鄉下人」意義非常重大。他是二十世紀世界各國小說常出現的「現在疏離人」（a modern alienated man）的雛形，這人物超越種族關係，成爲現代小說的重要人物。⑤

上面這些新見地，可以解釋爲什麼近十年來，沈從文的聲譽在中國以外的國家愈來愈提高，普遍受到學術研究者的重視。

二、《邊城》再評價之緣起

沈從文的《邊城》爲大家熟悉的一本小說，現在 30 歲的讀者們，多數都讀過，即使沒有讀過小說，也看過被改編成電影的《翠翠》。也許由於這本中篇小說很通俗，很少人以嚴肅的眼光來看待它。沈從文自己早在1943年就識穿讀者對他作品的一般態度：

> ……我作品能夠在市場上流行，實際上近於買櫝還珠，你們能欣賞我故事的清新，照例那作品背後蘊藏的熱情卻忽略了，你們能欣賞我文字的樸實，照例那作品背後隱伏的悲痛也忽略了。原因簡單，你們是城市中人。城市中人生活太匆忙，太雜亂，耳朵眼睛接觸聲音光色過份疲勞，加以多睡眠不足、營養不足，雖儼然事事神經異常尖銳敏感，其實除了色慾意識以外，別的感覺官能都有點麻木不仁……⑥

沈從文這段話原來對他的一般作品而言，但用在《邊城》上面，是最恰當的。現代小說注重間接的「呈現」，不採取教訓式的「訴說」，因此草率的態度，必會令讀者失察「蘊藏」和「隱伏」在人物故事後面的意義。

近年來一些研究沈從文的專論，如美國的麥唐納（William MacDonald）的博士論文《沈從文小說中的人物與主題》（Characters and Themes in Shen Ts'ung－Wen），澳洲普林斯（Anthony Prince）的博士論文《沈從文的生平與著作》（The Life and Works of Shen Ts'ung－Wen），都是集中注意力在短篇小說上面。長篇的《長河》在1966年，美國哥倫比亞大學有人寫過碩士論文⑦，《邊城》則到目前還未見有人作過深入詳細的分析。

雖然如此，在上面提過的論文中，作者經常提出偶然性的對《邊城》的看法與評價。夏志清在〈沈從文的短篇小說〉中說：

> ……在他成熟的時期，他對幾種不同文體的運用，可說已到隨心所欲的境界，計有玲瓏剔透牧歌式的文體，裡面的山水人物，呼之欲出。這是沈從文最拿手的文體，而《邊城》是最完善的代表作……⑧

聶華苓說「在《生》中，沈從文是一個雕刻家，在《邊城》中，他成爲一個畫家。」不過她卻令我失望的說：「以藝術而論，《邊城》不是沈從文的最好作品。」⑨

沈從文自己很看重《邊城》。他在幾篇談到自己的創作的文章中，如《邊城》的〈題記〉、〈長河題記〉以及《阿金》的〈習題〉，都特別以《邊城》來解釋他的創作世界。像下面這段話，沈從文似乎很欣賞《邊城》的藝術手法與主題內容：

> ……這作品原本近於一個小房子的設計，用料少，占地少，希望它既經濟而又不缺少空氣和陽光。我要表現的本是一種「人生的形式」，一種「優美、健康、自然，而又不悖乎人性的人生形式」。我主意不在領導讀者去桃源旅行，卻想借重桃源上行七百里路酉水流域一個小城小市中幾個愚夫俗子，被一件人事牽連在一處時，各人應有的一份哀樂，爲人類「愛」字件一度恰如其分的說明……⑩

當然，一個作者創作的動機與意圖不一定能夠如願以償的達到和實現。當我們解釋與評價一部文學作品時，也不能根據作者的創作意圖。不過沈從文本人對《邊城》的重視，以及上引其他學者對它的見解，是引起我細讀《邊城》的一些啓示。

三、《邊城》的山水畫結構

我在上面曾引用聶華苓的話，說沈從文在《邊城》表現出畫家的本事，夏志清也有「裡面的山水人物，呼之欲出」的見解。他們都不約而同的觀察到《邊城》有山水畫的素質，實在很有見地，可惜兩人都沒有深入的去解釋其內涵。讀《邊城》，實在應該從作品基本的結構出發。夏志清曾用西洋文學的文體「牧歌體」(Pastoral Prose) 來概括其特色。小心推敲過《邊城》，基於小說之組織與意義之表現手法，我認爲它與中國傳統的山水畫有許多類同的地方，雖然前者用語言文字，後者用線條色彩作爲表達媒介。

我所說「中國山水畫的結構」的定義，首先只是指中國傳統的山水畫，運用原始自然的山水人物，來表現某一種主題。中國山水畫的畫格，與西洋風景畫最不同之處，在於後者嚴密的受到畫家選擇焦點 (Focal Point) 的觀點 (Point of View) 所左右，而前者一向採用透視法 (Perspective)，因此觀點便在距離中消失。所以相傳是王維的「學畫秘訣」說:「凡畫山水，意在筆先，丈山尺樹，寸馬分人。」即使畫面上所謂「前景」之景物，都距離看畫的人很遠，咫尺千里的原則，使山水畫家不但從遠處看風景，而且從上往下看，背景內容，或空間的感覺，構成畫的主要部分。⑪

其次是指山水畫的構圖。山水畫家喜歡拿山巒河川、岩石、樹木，與脫俗之古典人物來構圖。不過一草一木、一山一水可能都有自然的象徵意義，譬如一塊大岩石，可能含有持道穩重之意，一棵蒼松，可能指長壽。自然界的景物，成爲最有詩意，最永恆的語言。

第三點是指中國山水畫，擅用默寫法，而不重對寫，所以有吳道子寫嘉陵山水，一日而成之傳說，因爲他們畫山水，並不是由對寫眞景而成，乃是遊後的追記。他們相信逼近眞山，則山的全形反不可見，必須周回數里，然後山的眞形可圖。

現在讓我們更進一步看看沈從文怎樣利用上述三個山水畫的特點作爲《邊城》的基本結構。

沈從文在〈長河·題記〉中回憶說：

> 民國二十三年的冬天，我因事從北平回湘西，由沅水坐船上行，轉到家鄉鳳凰縣。去鄉已經十八年，一入辰河流域，什麼都不同了。表面上看來，事事物物自然都有了極大進步，試仔細注意注意，便見出在變化中墮落趨勢。最明顯的事，即農村社會所保有那點正直素樸人情美，幾乎快要消失無餘，代替而來的卻是近二十年實際社會培養成功的一種唯實唯利庸俗人生觀……⑫

後來他便寫了《邊城》。描述他旅途中所見鄉下之一角，他的寫實，其實不是寫生式的對寫，而是追記一個桃源世界，沈從文自已也承認這世界已消滅了。這種寫作手法，與山水畫的默寫法，與唐朝張操所說「外師造化，中得心源」的原則非常相似。

從上述第一個特點去看《邊城》，我們處處發現都是山水畫的自然景物。例如小說開始的這兩段：

> 由四川過湖南去，靠東有一條官路。這官路將近湘西邊境到了一個地方名爲「茶峒」的小山城時，有一小溪，溪邊有座白色小塔，塔下住了一户單獨的人家。這人家只一個老人，一個女孩子，一隻黃狗。
>
> 小溪流下去，繞山岨流，約三里便匯入茶峒大河，人若過溪越小山走去，則只一里路就到了茶峒城邊。溪流如弓

背，山路如弓弦，故遠近有了小小差異。小溪寬約廿丈，河床爲大片石頭作成。靜靜的河水即或深到一篙不能落底，卻依然清澈透明，河中游魚來去皆可以計數……⑬

這一段簡潔樸素之美麗文字，往往使人想起美國海明威(Ernest Hemingway 1899 - 1961）之文筆。他在《戰地春夢》（*A Farewell to Arms*）也以類似的一段開始：

> In the late summer of that year we lived in a house in a village that looked across the river and the plain to the mountains. In the bed of the river there were pebbles and boulders, dry and white in the sun, and the water was clear and swiftly moving and blue in the channels. Troops went by the house and down the road and the dust they raised powdered the leaves of the trees. The trunks of the trees too were dusty and the leaves fell early that year and we saw the troops marching along the road and the dust rising……⑭

整本《邊城》幾乎都是由這座山水所構成，小說人物，只是點綴山水間之小黑點而已，更談不上將個別人物放大和給予個性之強調。聶華苓也觀察到這點，她說：「他的人物只是淡淡幾筆。」（His characters here are just sketches）他似乎相信「逼近眞山，則山的全形反不可見」的原則，人物總是放在遙遠的地方。人物經常以「躺在臨溪大石上睡著了」、「管理這渡船的，就是住在塔下的那個老人」，或「祖父睡著，翠翠同黃狗也睡著了」的樣式出現。這些人物，如山水畫上面的，只是淡淡幾畫，山水間的小黑點而已。

用透視法看到山水圖，人物與自然是和諧共存，各自的位置大小也符合「丈山尺樹，寸馬分人」的比例。單單取名就富有暗示性。翠翠的祖父連姓氏名字都沒有，他就叫做祖父，像山水畫與原始自然打成一片的人物。翠翠自己也沒有名字，後來取名翠翠，是「爲了住處兩山多篁竹，翠色逼人來，老船夫隨便給這個可憐的孤雛，拾取一個近身的名字，叫作翠翠。」(頁 3)

在《邊城》，人與自然平等的觀念最明顯的表現在第七章。端午節前，祖父跟翠翠約好，端午賽龍舟時，祖父看守渡船，翠翠同黃狗去河街看熱鬧。過了一天，翠翠反悔，以爲要看賽龍舟，則兩人一起去看，要守船則兩人都不去。

> ……翠翠就説：「我走了！誰陪你?」
>
> 祖父説：「你走了，船陪我。」
>
> 翠翠把一對眉毛皺攏去苦笑著，「船陪你！嗨，嗨，船陪你。」
>
> ……
>
> 「爺爺，我決定不去，要去讓船去，我替船陪你。」(頁 36－37)

上面引用過「祖父睡著了，翠翠同黃狗也睡著了」的句子，黃狗在《邊城》是一個重要角色，它同時也是中國文學中最生動的關於狗的描寫。祖父逝世時，雷雨大作，船也被水沖走，白塔也倒塌，這些都是人與物及自然平等和諧、共同生存的原始寫照。

四、自然象徵

要深一層了解《邊城》，我們應聽取沈從文的勸告，不要停止在「清新」或「樸素」上，背後蘊藏的意義也必須探討。我在「山水結構」中所提出的第二點，可作爲進入這內在世界的途徑。

因此接下來，讓我們分析山水人物在小說中之投影。

上面說過「外師造化，中得心源」這句張操的名言，它所以成爲古今畫家不移的定理，是因爲能將思想意義移入自然萬物（造化）之中，正是藝術品所應表現的最高境界。因此中國山水畫中的一草一木、一山一石，都分別幫忙展示作者賦予作品中的特殊意義。像傳統的山水畫，《邊城》也大量運用自然象徵（Natural Symbolism），這些自然象徵的內涵比因襲而成、傳統的象徵要來得難於摸索，因爲有些雖然是人類共同的經驗，其所代表意義卻是不一而定，尙未廣泛通行的，有時甚至近於私有的或個人的象徵（Private Symbolism）。

美國詩人佛羅斯特（Robert Frost）是以大量運用自然象徵而吸引住廣大讀者的一位詩人。他有一首題名《雪夜林畔》（Stopping by Woods on a Snowy Evening）的詩，最後一段是這樣：

> 這森林眞可愛，黝黑而深邃。
>
> 可是我還要去趕赴約會，
>
> 還要趕好幾里路才安睡，
>
> 還要趕好幾里路才安睡。⑮

從字面的意義來說，這是旅人的眞實經驗與感想，然而在自然象徵的語法中，冬天黃昏的森林，有暮年境況之暗指，「睡」有「死」之含意。構成這種象徵的意象，有時是宇宙間的自然現象，小說中人物的實際經驗，或者其他的事物，我們對它的聯想出自共同經驗的認同。

圍繞祖父身邊的「死亡」「白塔」與「渡船」

讀《邊城》如果我們忽視其客觀投影（Objective Correlative），則像祖父這個人物，會被誤作一個死板的人物。

我們看一幅「寒江獨釣圖」，或一幅「松下聽濤圖」，孤舟中垂釣江心的漁父，和松下的道人，雖然均由極簡單的幾筆所構成，只是一個黑點，無名又無典故，他們所代表的意義卻很複雜。《邊城》中的祖父就是類似的人物。

祖父是一個 70 歲的老人，五十年的渡船工作，使他的生命將近結束。作者用了許多睡覺、疲倦的意象來暗示他的生存情況。小說的開頭第一章，就有疲倦的感覺：

> 有時候倦了，躺在臨溪大石上睡著了，人在隔岸招手喊過渡，翠翠不讓祖父起身，就跳下船去，很敏捷地替祖父把路人渡過溪……（頁 4）

於是翠翠是接棒人的意思便明顯起來，請看第六章祖父與孫女的對話：

> 「人大了就應當守船呢。」
>
> 「人老了才應當守船。」
>
> 「人老了應當歇憩。」（頁 33）

這裡「歇憩」與「睡覺」意義相同。在第十九章，翠翠說爺爺「發痧」，勸他「躺到蔭下去歇歇」，後來老船夫回去「躺到床上睡了」。最後祖父在一個雷雨之夜病逝，第二天，翠翠還以爲他仍然在睡覺：

> ……醒來時天已亮了，雨不知在何時業已止息，只聽到溪兩岸山溝裡注水入溪的聲音。翠翠爬起身來看看祖父還似乎睡得很好……（頁115）

翠翠天眞無邪，不知道死亡之可怕，根本不知道什麼是死亡，所以她還以爲他「睡得很好」。

祖父的性格很倔強，不承認老，也不休息，沈從文巧妙的以他臨終前還打草鞋來展示他的個性。在第十九章裡，老船夫感到身體不舒服,「覺得很疲倦,就要翠翠守船,自己回家睡去了。」後來翠翠不放心,趕回家看他,「先以爲祖父一定早睡了,誰知還坐在門限上打草鞋。」翠翠說:「爺爺,你要多少雙草鞋,床頭上不是還有十四雙嗎?怎樣不好好的躺一躺?」(頁114)

祖父五十年以來,每天都離不開渡船,他就是渡船,渡船就是他,因此之故,祖父逝世後,船也被洪水沖走了,翠翠是先看見船失蹤後,才發現爺爺的逝世。

> 翠翠看看屋前懸崖並不崩坍,故當時還不注意渡船的失去。但再過一陣,她上下搜索不到這東西,無意中回頭一看,屋後白塔已不見了,一驚非同小可。趕忙向屋後跑去,才知道白塔業已坍倒,大堆磚石極凌亂的攤在那兒,翠翠嚇慌得不知所措,只銳聲叫她的祖父。祖父不起身,也不答應,就趕回家裡去,到得祖父床邊搖了祖父許久,祖父還不作聲。原來這個老年人在雷雨將息時已死去了。(頁116)

白塔也是祖父的化身。相傳塔的起源是爲了保存釋迦牟尼的聖骨而建造,後來用作表示信仰虔誠,或鎮壓風水,或作紀念物。祖父是塔下唯一的一家,他是樸實、勤儉、和平、快樂的最後象徵,所以衆人要盡力捐獻,把它重建起來。這表示善良之人性還活著。後來祖父埋在塔下,就等於桃源的樸實、和平與快樂,也埋在這裡。當我們看見佛塔,我們便想起聖骨的所在,信仰之所在,茶峒的人看見白塔,他們便知道消失中的桃源世界之所在,美好的遺風舊俗已長眠於此。因爲如此,每個經過白塔坐渡船的人,都表現得特別善良、樸實,與熱情。這是一座最純樸的人性之塔,它代表沈從文所說「民族品德的消失與重造」。⑯

翠翠的投影:竹筏、竹林與森林

翠翠在祖父逝世後，在鄉人的安排下，取代祖父，繼續擺渡的工作，下面這段情節，就含有這種意義：

> ……不多久，全茶峒城裡外便皆知道這個消息了。河街上船總順順，派人找了一隻空船，帶了副白木匣子，即刻向碧溪岨撐去。城中楊馬兵卻同一個老軍人，趕到碧溪岨去，砍了幾十根大毛竹，用葛藤編作筏子，作爲來往過渡的臨時渡船……（頁117）

「臨時渡船」象徵翠翠，因爲它是竹編的。上面已說過，翠翠就是竹子的化身，所以用竹子編竹筏，就等於把翠翠安排作擺渡人。在第十二章裡，老大天保想要娶翠翠爲妻，有一次他說：「我還想把碧溪岨兩個山頭買過來，在界線上種一片大南竹，圍著這一條小溪作爲我的寨子!」（頁74－75）不懂自然象徵語法的人，一定看不懂其言外之意。

翠翠是竹，長河上的渡船，她自然是大自然的女兒，她每次進城，心裡都恐懼不安，回到城外之荒野，她才快樂。我們不止一次發現她把竹林當作避難所。她小時，每次遇到陌生人，都「作成隨時皆可舉步逃入深山的神氣」，長大後，每遇到婚姻問題也如此。譬如第一次知道順順託媒人爲兒子攀親，她便「裝作追趕菜園地的雞」，向屋後白塔跑去了。另一次儺送經過喊渡河，翠翠一認出是她喜歡的人，「大吃一驚，同小獸一樣回頭便向山竹林裡跑掉了。」（頁 3－4）所以竹林是她的純眞世界之表徵。

桃源的原始典型

《邊城》的小說背景只是取茶峒小山城外河邊之一角——河街及碧溪岨。如果我們說馬遠作畫全景不多，畫湖不滿幅，畫山或樹皆不及頂，山水之一角有反映南宋偏安之殘山剩水，而「邊城」則是象徵現代文明所尚未侵襲，人性敗壞之風尚未吹遍的世外桃源之一角，事實上，沈從文也有把背景布置成類似中國文學中陶潛的《桃花源記》所描寫的世外桃源。請看下面這段武陵人家的色調：

> ……若溯流而上，則三丈五丈的深潭皆清澈見底。深潭中爲白日所映照，河底小小白石子，有花紋的瑪瑙石子，全看得明明白白。水中游魚來去，皆如浮在空氣裡。兩岸多高山，山中多可以造紙的細竹，長年作深翠顏色，迫人眼目。近水人家多在桃杏花裡，春天時只需注意，凡有桃花處必有人家，凡有人家處必可沽酒。夏天則曬晾在日光下耀目的紫花布衣褲，可以作爲人家所在的旗幟。秋冬來時，人家房屋在懸崖上的，濱水的，無不朗然入目……(頁 7)

單單河的意象，就帶來濃厚的原始純樸之感覺。人類文化的源頭都誕生自河的兩岸。在《邊城》，「人家房子多一半著陸，一半在水」。河水安靜時，淸澈見底，暴漲時，激流中浮沈著牲畜船隻。這是大自然的旋律，人們就隨著它而安靜和動亂。水是邊城的人快樂的源泉，例如端午賽龍舟，河中捉鴨子的歡樂場面一再出現，但是也是痛苦的源頭，因老大後來覆船死於河中。

五、過去與現在對比

沈從文小說中的農村世界，一方面充滿原始神秘性、樸素、快樂，另一方面由於受到現代文明商業之衝擊，完美之人性逐漸腐蝕，理想慢慢消失。他寫了《邊城》之後，在〈題記〉中說：

> ……我並不即此而止，還預備給他們一種對照的機會，將在另外一個作品裡，來提到二十年來的內戰，使一些首當其衝的農民，性格靈魂被大力所壓，失去了原來的樸質、

> 勤儉、和平、正直的型範以後，成了一個什麼樣子的新東西……（頁 3）

後來沈從文便寫了《長河》。

事實上，在《邊城》裡，沈從文已經把逐漸成對比的兩種背景呈現出來。對比的手法，幫忙我們看到，即使在桃源世界，這批武陵人的民族品德也開始變了樣了。

兩種歌唱

邊城雖然是一個世外桃源，它浪漫的情調也在消失中。沈從文爲了表現今不如昔的轉變，故意安排兩年來的中秋節夜晚，都沒有好月亮。整夜男女對唱的事情，只是夢，不是事實。以前翠翠的媽媽，不知引來多少戀歌，而翠翠，只有一次就消失了。現在每天夜晚到來，河街吊腳樓便有妓女唱歌陪客，通宵達旦。這兩種歌唱，正代表過去與現在的社會風尚、農村的面貌。良好的傳統與風俗之沒落，代之而起的是以金錢物質爲基礎的一種歌唱。

碾坊與渡船

祖父的渡船與王團總在河街新置的碾坊又是強烈的對比。翠翠的嫁妝是渡船，娶她的人便要取代祖父擺渡的生涯。王團總把碾坊當作女兒的嫁妝，以這筆不小的財產，希望替女兒爭取愛情。這隻渡船與碾坊所代表的，是茶峒這地方精神與物質的衝突，前者如爺爺五十年擺渡生涯所代表的，是熱忱、樸實和品德之體現，碾坊是錢財貿易所代表的人生態度。

人物的對比

《邊城》裡面的人物，像爺爺與船總順順，翠翠與河邊賣身的妓女，順順的兩位兒子與毛手毛腳的水手，都分別代表桃源世界各方面的過去與現在之變化。順順雖然還有幾分豪爽，可是金錢財產，已是他做人的最重要目的，他賺錢有術，因此從軍人搖身一變，成爲河街之有錢人。祖父永遠還是以熱情忠厚爲人生目的，別人賞他一些小錢，他竟要生氣似的與人大鬧一場。順順是目前河街商業階層成功的代表，祖父是過去鄉村美好品德的化身。

爲了商人與水手的需要，邊城裡產生很多「眉毛扯得極細，臉上擦了白粉」、「大大的髮髻上敷了香味極濃俗的油類」的娼妓，儘管比城市的娼妓要單純可愛，可是與翠翠比較，則又顯示出活在山水之間，與活在物質金銀之間的女人已有很大的差別。翠翠每次到河邊街，總是帶著恐懼的心情，每次聽到粗鄙的話，非常不習慣。順順的兩個兒子與其他的水手也不一樣。前者代表年輕一代淳樸風俗，後者是樸實之崩潰象徵。老大老二不要碾坊，而要渡船，這是精神至上主義，水手們每次上岸，急著追求的是女人，這是縱慾主義。

透過從精神趨向物質，靈與慾之衝突，沈從文把一個民族最後一塊最有原始民風的桃源樂土之困境表達出來。這種困境，他自己稱爲「變化中墮落趨勢」。而「墮落趨勢」是《邊城》的一大重要旨意。他在〈長河題記〉中說（上已引），在1934年回湘西，發現鄉村的進步之中，帶有墮落趨勢。「最明顯的事，即農村社會所保有那點正直素樸人情美，幾乎快要消失無遺，代替而來的卻是近二十年實際社會培養成功的一種唯實唯利庸俗人生觀……」因此他結束這段旅程後，便寫了《邊城》和《湘行散記》。明白這點，我們更能領會沈從文上引「作品背後隱伏的悲痛」那句話之意義了。

結論

沈從文的《邊城》，就如錢鍾書的《圍城》，如果單看其顯現於外層的寫實結構，這本小說也十分簡易通俗，因為作者採用全能觀點，把西水流域一個世外桃源的小山城之一角的人情風俗描寫出來。不過在生動的山水畫那樣的寫實後面，深藏著由象徵和對比手法所表現的複雜題旨。因此要細讀《邊城》，至少需要從上面所分析的三個層次與角度來探討。也只有這樣去了解，我們才知道這是一本深具複雜性的作品。

聶華苓用近似新批評的方法去分析沈從文最成功的短篇小說，如〈柏子〉、〈龍朱〉、〈蕭蕭〉、〈會明〉、〈丈夫〉、〈靜〉等篇，她認為沈從文的小說經得起嚴格的分析，具有「現代小說」的結構。以本人上面分析《邊城》的結果，證明聶華苓的評語貼切又準確。

注釋

① 見《阿金》，(上海開明，1943)，頁 2-3。

② 夏志清在〈沈從文的短篇小說〉(收集在《文學的前途》，台北純文學，1974) 中說：「沈從文在中國文學上的重要性，當然不單止建築在他的批評文字和諷刺作品上，也不是因為他提倡純樸的英雄式生活的緣故。他對現代中國文學和生活方式的批評，固然非常中肯，非常有見地；他對人類精神價值的確定，固然中時害——但造成他今天這個重要地位的，卻是他豐富的想像力和對藝術的摯誠。我們若把他早期的小說，拿來和他三十年代寫成的或修正過的(沈從文是現代中國作家中唯一有改寫習慣的一個)，互相比較一下，那麼，令我們感到驚異的，不單是他藝術方面的成長，而且還有忠於藝術的精神。」(頁116-270)

③ 參考 Donald Gibbs and Yun-Chen Li，*A Bibliography of Studies and*

Translations of Modern Chinese Literature, 1918 - 1942（Harvard University Press, 1975）P. 163 - 166.

④ 見夏志清〈沈從文的短篇小說〉,《文學的前途》, 頁101及117。

⑤ 參考 Hua - Ling Nieh: *Shen Ts'ung - Wen*（New York: Twayne Publishers, 1972）p. 124.

⑥ 見《阿金》, 頁 5。

⑦ 見《中國現代文學研究目錄》, 頁 163 - 166。

⑧ 《文學的前途》, 頁 117。

⑨ 《沈從文研究》, 頁 88。

⑩ 《阿金》, 頁 6。

⑪ 參考 Jean Buhot, *Chinese Art and Japanese Art*（New York: Doubleday, 1967）, P. 124 - 129。

⑫ 沈從文,《長河》(上海: 開明, 1943), 頁 1。

⑬ 《邊城》(昆明: 開明, 1943)。

⑭ Ernest Hemingway, *A Farewell to Arms*（New York: Chales Scribners, Sons, 1929）, P.3。

⑮ 本詩為夏菁譯, 見林以亮編, 《美國詩選》（香港, 今日世界, 1961）頁167 - 168。

⑯ 〈長河題記〉,《長河》, 頁 3。

7.

每種花都包含著回憶與聯想
——沈從文小說中的野花解讀

每一種花每一種顏色都包含一種動人的回憶和美麗聯想

沈從文在創作時，他所寫的不只是眼見的狀態，還包括「當前一切官能感覺的回憶」①，因爲他要「超越了普通人的習慣心與眼，來認識一切現象，解釋一切現象。」②所以一個作家官能的敏感與鈍，就決定一個作家的深度。

> 天之予人經驗，厚薄多方，不可一例。耳目口鼻雖同具一種外形，一種同樣能感受吸收外物外事本性，可是生命的深度，人與人實在相去懸遠。③

好的作家，就像沈從文一樣，五官必須敏銳。所以他勸青年人創作時忘掉一切作家與書本的觀念或概念，用感官去捕捉感覺與事象：

> 用各種官能向自然捕捉各種聲音、顏色同氣味，向社會中注意各種人事。脱去一切陳腐的拘束，學會把一枝筆運用自然，在執筆時且如何訓練一個人的耳朵、鼻子、眼睛，

> 在現實裡以至於在回憶同想像裡馳騁，把各樣官能同時並用，來產生一個作品。④

沈從文的這種創作經驗與論點，與艾略特（T.S.Eliot，1888－1965）在〈論彌爾頓〉一文中所持的看法相似。艾略特說，要成爲一個好作家，他的五官（five senses）的感受力必須很敏銳，而且不能被書本的知識所腐蝕。彌爾頓中年盲目，而且他又受舊學問所影響，因此造成他詩中的視覺意象模糊不清。⑤

把文字與繪畫、數學、音樂比較，文字所能保存與重現「美麗印象」的功能，遠不如後者。因此文字所能捕捉的，往往是一些糟粕而已：

> 表現一抽象美麗印象，文字不如繪畫，繪畫不如數學，數學似乎又不如音樂。因爲大部分所謂「印象動人」，多近於從具體事實感官經驗而得到。這印象用文字保存，雖困難尚不十分困難。但由幻想而來的形式流動不居的美，就只有音樂，或宏壯，或柔靜，同樣在抽象形式中流動，方可望能將它好好保存並重現。⑥

沈從文試舉下面的境界爲例子，說明要用文字去表現美麗的印象，往往不濟事，難以令人滿意的去捕捉這種境界：

> 彷彿某時，某地、某人，微風拂面，山花照眼，河水渾濁而有生氣，飄浮著菜葉。有小小青蛙在河畔草叢間跳躍，遠處母黃牛在豆田阡陌間長聲喚子。上游或下游不知何處有造船人斧斤聲，遙度山谷而至。河邊有紫花、紅花、白花、藍花，每一種花每一種顏色都包含一種動人的回憶和美麗聯想。試摘藍花一束，拋向河中，讓它與菜葉一同逐流而去，再追索這花色香的歷史，則長髮、清矑、粉臉、素足，都一一於印象中顯現。似陌生，似熟習，本來各自

> 分散，不相粘附，這時節忽拼合成一完整形體，美目含睇，手足微動，如聞清歌，似有愛怨。……稍過一時，一切已消失無遺，只覺一白鴿在虛空飛翔，在不占據他人視線與其他物質的心的虛空中飛翔。一片白光蕩搖不定。無聲、無香，只一片白。⑦

因爲對沈從文來說，小說，所要表現的人事包括社會現象與夢的現象：

> 把小說看成「用文字很恰當記錄下來的人事」。因爲既然是人事，就容許包含了兩個部分：一是社會現象，是說人與人相互之間的種種關係；一是夢的現象，便是說人的心或意識的單獨種種活動。單是第一部分容易成爲日常報紙記事，單是第二部分又容易成爲詩歌。必須把人事和夢兩種成分相混合，用語言文字來好好裝飾剪裁，處理得極其恰當，才可望成爲一個小說。⑧

沈從文自己的小說，特別強調探索人的靈魂深處或意識邊際的夢象：

> 我實需要「靜」，用它來培養「知」，啓發「慧」，悟徹「愛」和「怨」等等文字相對的意義。到明白較多後，再用它來重新給「人」好好作一度詮釋，超越世俗愛憎哀樂的方式，探索「人」的靈魂深處或意識邊際，發現「人」，說明「愛」與「死」可能具有若干新的形式。這工作必然可將那個「我」擴大，占有更大的空間，或更長久的時間。⑨

所以閱讀沈從文的小說，山花、雨水、落葉、風箏都是不能不細心推敲的重要意象。

沈從文在上面所說的一現即逝的境界及其捕捉的手法，給我們提供解讀他的小說的一些方法。首先由於「每一種花每一種顏色都包含一種動人的回憶和美麗聯想」，使我注意到他的小說中經常出現的花，都潛藏著複雜的意義。其次「再追索這花色香的歷史，則長髮、清眸、粉臉、素足，都一一於印象中顯現。」這句話暗示如果把一朵花的出現，與小說各個部分聯繫起來，更能全面的將其意義顯現，那就是把「各自分散，不相粘附」的，「拼合成一完整形體」。

本文即嘗試借用沈從文捕捉美麗印象的手法，來解讀其小說中經常出現的花朵的意義。

神經衰弱的城市人嗅著鄉下婦人留下一束半枯的野花

沈從文自己在〈夫婦〉（1929）的後記中說，這是一篇用抒情詩的筆調創作的小說。一位患了神經衰弱症的城市人璜回歸鄉村，住在一個村子裡，希望從大自然清靜的生活中把病治好。這個村子已建立保衛團的現代單位，負責維持當地的治安工作。一天村民捉到一對年輕男女，因為他們在山坳裡新稻草堆上做愛時被人看見，有人提議把他們鞭打，甚至沉潭。後來發現他們不是私奔之男女，而是新婚夫婦，從更偏僻的窯上來的人，要回返黃坡去探親，走到這村子的南邊八道坡，由於鳥語花香的刺激，禁不住在草堆上做起愛來：

> 誰知那被捆捉的男子，到後還說了下面的話。他說他就是女子的親夫。因為新婚不久，同返黃坡女家去看岳丈，走到這裡，看看天氣太好，於是坐到那新稻草積旁看風景，看山上的花。那時風吹來都有香氣，雀兒叫得人心膩，於是記起一些年輕人應做的事，於是到後就被捉了。⑩

璜這個城市人起初以爲這村子的人保持自然村野的性格，從這事件發現「鄉下人與城市人一樣無味」。幾天後他就失望地回到城裡。

沈從文似乎在這小說中，從城市人的角度去審視「鄉下人」，一個有自我醒悟的城市人（因爲他知道自己得了神經衰弱症），發現這個村子，已被現代文明侵襲，維持治安的練長、團總便是現代文明政治的腐敗之象徵。村子有了保衛團，表示現代文明已統治著這些人。他所接觸的已不是眞正自然的鄉下人。那對青年男女住在更偏僻山野的窯上裡，才是自然人的代表。

當這對男女鄉下人被人捆綁起來，讓一群無知的村民、無賴與專橫的代表文明惡勢力的練長與團總百般污辱時，有人在女人頭上插上極可笑的一把野花。璜是先被花吸引住，然後才是這位約二十歲女人的青春形象：

> 女人年輕不到二十歲，一身極乾淨的月藍麻布衣裳，臉上微紅，身體碩長，風姿不惡。身體的確有略與普通鄉下女人兩樣處，這時雖然在流淚，似乎全是爲了惶恐，不是爲羞恥。⑪

所以在村民的眼中，順其自然在野地上發洩性慾的女人，就如一朵野花，隨意亂開，格外鮮艷，特別芬芳，也就是璜所說她的「身體」與普通鄉下女人不一樣。她是充滿原始、自然與生命力的鄉下人。

璜利用城市人的特殊身分，挺身而出，把這對夫婦解救出來後，從女人手中討過來的那束半枯的野花，使他陶醉在其稀奇的香味中：

> 獨立在山腳小橋邊的璜，因微風送來花香，他忽覺得這件事可留一種紀念，想到還拿在女人手中的一束花了，遙遙

的說，

「慢點走，慢點走，把你們那一束花丟到地下，給了我。」那女人笑著把花留在路旁，還在那裡等候了璜一會，見璜不上來，那男子就自己往回路走，把花送來了。

人的影子失落到小竹叢後了。得了一把半枯的不知名的花的璜先生，坐到橋邊，嗅著這曾經在年輕婦人頭上留過很稀奇過去的花束，不可理解的心也爲一種曖昧慾望輕輕搖動著。

他記起這一天來的一切事，覺得自己的世界眞窄。倘若自己有這樣的一個太太，他這時也將有一些看不見的危險伏在身邊了，因此覺得住在這裡是厭煩的地方了，地方風景雖美，鄉下人與城市中人一樣無味，他預備明後天進城。⑫

璜既然被花香引起「慾望」，但又擔心「倘若自己有這樣的一個太太」的危險，所以被現代文明扭曲了心靈感情的他，既厭倦村裡被文明污染的村民，也害怕原始自然的生命力及其生活形式。這是文明人複雜又矛盾的性格。

這對年輕男女是自然的生長在山野的花朵，隨季節開放，毫不抑制生命的動力，等他們被村民折磨了大半天重新上路時，代表大自然生命的花束半枯萎了，這是象徵性的說明自然生命力受到「變了味」的鄉下人，文明人的殘忍，無人性的惡勢力之摧殘，雖然璜仍然從中嗅出使他「曖昧慾望輕輕搖動」的花香。⑬

女人只是一朵花，開的再好也要枯

本來精神委靡，神經衰弱的璜，一束半枯的野花的香味，卻能喚醒他的生命力，雖然他又恐懼蠢蠢欲動的慾望，因而逃回城裡，寧願讓生命繼續沉睡下去。

在〈雨後〉（1928）中的阿姐，當她在野地上採摘蕨菜時，充滿野性的男人四狗與燦爛盛開著的野花，使她從好花開不長的眞理去追求人生的快樂：

> 女人只是一朵花，開的再好也要枯。好花開不長，知道枯的比其他快，便應當更深的愛。⑭

她感受到四狗深深的愛便是人生最大快活。最後她讓四狗任意擺布，壓得死去活來。金介甫說四狗這一位農民靑年成功征服了一位具有都市文化修養的阿姐，象徵充滿精力的原始文化戰勝了讀書人的高度文明。⑮

阿姐是位讀書人，唸過「落花人獨立、微風燕雙飛」的古詩詞，而且是富家出身的小姐，四狗帶給她野性、氣力、溫柔。這種生命力使她覺醒，使她把「所讀的書全忘掉了」，成爲自然人，像花一樣，自由的隨著季節而開放。相似的故事也出現〈採蕨〉（1928）中。⑯在蕨菜發育得很好看的時候，桃花李花也正開得很熱鬧，五明雖然比阿黑的年紀小，他的野性卻使阿黑難於阻擋。在雨後放晴，鳥雀與五明唱歌之後，阿黑終於躺在草地上讓他撒野，她像生了一場大病一樣。這個故事在《阿黑小史》（1928）裡，⑰阿黑與五明就如在前二篇小說中皆是鄉下人，女的比男子大幾歲。五明上山打柴總是撿回來不止是枯枝，一定有一捆花。他們在野外幽會時，把草當床。「這柔軟床上，還撒得有各樣野花，裝飾得比許多洞房還適用。」⑱年齡的差異，阻止不了阿黑與五明的結合，因爲阿黑年紀較大，就像「這幾天正發育得好」的蕨菜，她以拒絕老的蕨菜來暗示，她要的是充滿野性生命力的。當五明幫她採了些老的，阿黑就說：「五明我不要你的，你的全是老的。」⑲

從〈夫婦〉、〈雨後〉、〈採蕨〉到〈阿黑小史〉，年輕人都是向大自然認同，感覺到自己是隨著時序與天氣而展現生命的活力，請看〈採蕨〉中的幾段：

> 然而，且看吧，桃花李花開得如此熱鬧好看，畫眉杜鵑鳥之類叫得如此好聽，太陽如此和暖，地下的青草如此軟和，受了這些影響的五明，人雖小，膽雖小，或者是終有造反的日子在後面！⑳
>
> 天氣的確太好了。這天氣，以及花香鳥鳴，都證明天也許可人在這草坪上玩一點新鮮玩意兒。五明的心因天氣更活潑了一點。
>
> 他箍了她的腰，手板貼在阿黑的胸前，輕輕的撫摩著。這種放肆使阿黑感到受用，使五明感到舒服。㉑

因此「一種慾望就恍恍惚惚搖動自己的心」，㉒發育得正好的蕨菜、野花、桃花、李花都是一下子就凋謝了。因此上山採蕨菜，象徵五明與阿黑採摘青春。阿黑「到底是年長兩歲的人，生命逐漸成熟」，阿黑上山採蕨，「一人揹了個背籠，頭上一塊花帕子，就知道是阿黑。」㉓爲了製造五明採的是花的藝術效果，除了以花帕子代替阿黑，也安排他胡亂採蕨時，採的是花，在〈阿黑小史〉裡他上山打柴，卻採了一捆花回來。最終在鳥語花香的野外，與阿黑結合在一起。㉔

自殺少女躺在山洞石床上，地下身上撒滿藍色野菊花

所以在沈從文小說中，野花不但是女人青春之象徵，如〈雨後〉所暗示，它更是原始生命活力及其生活形式之象徵。因此枯萎的野花比盛開的野花更常出現在小說中。

〈三個男人和一個女人〉（1930）小說是從《從文自傳》中〈清鄉所見〉的眞實故事創作出來的。我（班長）與瘸子號兵經常到年輕人開的豆腐店去玩。他們的目的是要藉吃豆腐或幫忙豆腐店工作爲藉口，每天可看見對面小城唯一紳士家的女兒。她只有十五歲。只要看那明艷照人的女子一面，他們那一天就很快樂了。在他們眼中，這女人是一朵美麗的花：

> 說起這女人眞是一個標緻的動物！在我生來還不曾見到有第二個這樣的女子。我看過許多師長的姨太太，許多女學生……她們都不文雅，不窈窕。至於這個人呢，我說不出完全合意的是些什麼地方，可是不說謊，我總覺得這是一朵花好，一個仙人。㉕

豆腐店老闆是一個年輕人，鄉下搬來的，強健堅實，沈默寡言，每天愉快的工作，除了做生意，什麼地方也不去。每當少女站在大門口對正在勞動的豆腐鋪青年微笑時，他就有意無意的露出強健如鐵的臂膊，扳著石磨，顯出一副年輕誠實單純的男子相。原來三個男子都同時暗戀上商會會長的小女兒。後來不知爲什麼，這位小姑娘突然吞金自殺而死。當瘸子號兵聽說吞金而死的女人，在七天之內，若得男子的偎抱，就可復活，立刻趕去掘墓，沒想到有人已在他之前把屍體掘出背走了。豆腐店青年也是在那晚開始失蹤。三天後，有消息傳遍各地：

> 「商會會長女兒新墳剛埋好就被人拋掘，屍骸不知給誰盜了。」另外一個新聞，卻是「這少女屍骸有人在去墳墓半里的石洞裡發現，赤光著個身子睡在洞中石床上，地下身上各處撒滿了藍色野菊花。」㉖

這篇小說中，藍色的野菊花象徵少女純眞無邪的愛情，原始生命的活力。小說中提到商會會長家，經常有營長、副官等社會名流進進出出，尤其在少女自殺之前：

> 我們常常看見有年輕軍官，穿著極其體面的毛呢軍服，白白的臉龐，帶著一點害羞的紅色……走進那人家……就以爲這其中一定有一些故事發生，充滿了難受的妒意。㉗

因此可以推斷，她也愛戀著來自鄉下，強健誠實的豆腐店青年，爲了反叛嫁城市人白白臉龐的軍官，她吞金自殺，也許這是她與青年老闆的一個死亡約會：女人吞金自殺死後，得到男人的偎抱，可以復活。如果成功，他們就可以偸偸私奔到鄉下去，因爲豆腐店老闆長期以來，把積蓄寄回鄉下，似乎預備好娶親的費用。

所以這篇小說又在說明，原始樸實的生命力，正是城裡姑娘所渴求的。豆腐鋪青年最後把她帶回山洞，放在石床上，讓她赤裸身體，在身體四周撒滿野菊花，這些都是象徵讓她回歸自然原始的懷抱。因爲她有勇氣反叛扭曲自然人性的社會、制度與規定。她不愛那些穿著體面毛呢軍服的軍官，他們走路胸部向前直挺，還要用有刺馬輪的長統黑皮靴子磕著街石走路，這些都代表現代文明的虛僞與造作。㉘

沈從文寫了〈三個男人和一個女人〉一年後，又寫了〈醫生〉(1931)。㉙很顯然的，這是前者的續篇。四川某市的白醫生被一位像廚子模樣的年輕人（使人聯想起豆腐鋪青年老闆）強行帶到一個山洞裡去救活一位已冷僵的女人。她死了二天左右，看不出因什麼病而死，那神氣安靜，眉目和平，彷彿只是好好兒睡著的樣子，若不是肢體冰冷，眞不能疑心那是一個死人。㉚（這一點暗示她是吞金自殺吧?）醫生覺得有些古怪：「長得體面整齊的美女人，女人的臉同身四肢都不像一個農莊人家的媳婦。」這分明是商會會長的女兒。當醫生用燈細照，又發現「是那一身衣服，式樣十分古怪，在衣服上留下許多黃土，有許多黃土。」㉛原來這「瘋子」從墳墓裡挖了這個死屍，帶到這峒中來，要醫生在七天內將她起死回生。第六天這位青年人眼看醫生還是束手無策，沒法將她救活，他採摘野花（桃花）放在她身邊：

> 他一個人走出去折了許多山花拿到峒裡來，自己很細心的在那裡把花分開放到死屍身邊各處去。㉜

到了晚上，青年人放肆的不停大笑，把醫生打暈，拖到山下。這個故事是醫生回到市裡追述他「見了鬼」的經過。

城裡的醫生怎麼可能把已瀕臨絕滅的純潔的愛情救活過來？醫生爲了自己的安全，給屍體注射了一些防腐劑，表示已盡力搶救，其實那是用來欺騙年輕人的手段。醫生及城裡的人，根本不能接受人死後七天復活的神話，把死屍從墓裡挖出來的人是瘋子，是犯罪的事。

最後青年人對文明人及其醫學感到絕望。只好用美麗的野花來祭拜這位美麗的女子，把醫生拖到山下，讓他們與花留在象徵原始文化的山洞裡。在山洞裡躺在野花叢中，不是代表回歸原始自然的懷抱嗎？㉝

一對愛人睡在枯萎的野花鋪就的石床上等候藥力發作

即使在久遠的古代，少數民族的山寨裡，魔鬼的迷信與習俗，也常破壞青年人自然的結合與原始的生命形式。在〈月下小景〉（1932），㉞中就因爲「女人同第一男子戀愛，卻只許同第二個男子結婚」的規矩，把不少女子用一扇小石磨捆在背上，沉入潭裡。一位少女初戀上寨主的獨生子儺佑，因爲她完全被他溫柔纏綿的歌聲與超人壯麗華美的四肢所征服。秋天愛情成熟時，兩人在石砌成的古碉堡上，採了無數野花鋪在青石板上。小說結束時，兩人快樂的咽下一半同命的藥，「微笑著，睡在業已枯萎了的野花鋪就的石床上，等候藥力發作。」㉟秋天時節，山坡上開遍了各樣花草，到處是小蝴蝶。

他們未受文明污染的愛情，仍然保持原始神性，他們代表了「自然人」如男的健壯如獅子，靈活如羚羊，女的是用白玉、奶酥、花香做成的。他們就是大自然的化身。〈龍朱〉（1928）㊱裡，白耳族苗人中的美男子龍朱王子與花帕族黃牛寨主的姑娘高貴性格的象徵，每次龍朱追尋到花帕族姑娘唱歌的地方，她走後不久，只遺下無數野花，野花菊花可說是她留下的足跡。龍朱最後找到她時，他被她髮髻上一朵小黃花先吸引住。

寶刀與野花：吳家青年放下刀，撿起一束憔悴的野菊

在〈漁〉（1929）中，華山寨名族中甘姓族人出漂亮女子，吳姓族人出如虎如豹的英雄。兩族的人曾經發生大戰，雙方幾乎同歸於盡。吳姓目前只有兄弟二人活著。一個夜晚等候毒魚時，二人上山拜訪廟裡的老和尚。廟門前石桌上散亂的被人丟下一些野花，弟弟把半憔悴的山桂野菊拾起，藏到麂皮抱肚中，他猜想這是唯一甘姓族人還活著的美女所遺留下來。照烏雞河華山寨風俗，女人遺花被陌生男子所拾起，他可進一步與女人要好唱歌，把女人的心得到。這些半枯的野花，引發了持刀報仇和砍魚的青年對愛情的狂熱。天亮時，衆人都帶著許多魚回家，只有弟弟「只得一束憔悴的花。」㊲

小說中的花與刀很有詩意的形成一種強烈對比。作者先說吳姓族人喜戰好鬥，自從大決鬥中兩族幾乎同歸於盡後，他們心中

燃燒著復仇的火。到了廟前首先是放下刀拿起花的景象出現:

> 這樣說著，自己就坐到那石凳上去。而且把刀也放在石桌上了，他同時順眼望到一些草花，似經人不久採來散亂的丟到那裡。弟弟詫異了，因爲他以爲這絕對不是廟中和尚做的事。㊳

接著是在木魚聲中，哥哥舞刀而弟弟撫摸著花:

> 那哥哥，在坪中大月光下舞刀，作刺劈種種優美姿勢，他的心，只在刀風中來去，進退矯健不凡，這漢子可說是吳姓族最純潔的男子了。至於弟弟呢，他把那已經半憔悴了擲到石桌上的山桂野菊拾起，藏到麂皮抱肚中，這人有詩人氣氛，身體不及阿哥強，故於事情多遐想而少成就，他這時只全不負責的想像這是一個女子所遺的花朵。照烏雞河華山寨風俗，則女人遺花被陌生男子拾起，這男子即可進一步與女人要好唱歌，把女人的心得到……如今又用這花爲依據，將女人的偶像安置在心上了。㊴

山上廟中的老和尚知道甘吳兩姓族人互相屠殺的悲劇，他就因爲「知道太多，所以成爲和尚了」。看情形和尚原是當年血流成河那場大格鬥中的生還者。弟弟說:「眞是好地方，想不到這樣好!」和尚的回話含有放下屠刀立地成佛的意思:

> 那裡的事。地方小，不太骯髒就是了。我一個人在這裡，無事栽一點花草，這南瓜，今年倒不錯……。㊵

小說中山上廟裡隱隱約約的木魚聲與河中的炮聲、吶喊著揮刀砍魚聲形成強烈對照，最後哥哥勇敢如昔年戰士在月光下揮刀砍殺水蛇，發洩報仇恥恨之情感與弟弟陶醉於野花與美人之幻想，造成寶刀與花朵的對比結構。

小說以衆人高舉火把，擕籮背刀，尖銳叫喊聲中開始，那是和尚所說「衆生在劫」的前夕。夜漁的行動又喚醒甘吳兩姓族人血流成河互相殘殺的往事。故事結尾時，弟弟第一次在夜漁之後空手回家，「他只得一束憔悴的花」。花美化了大地，因此花的出現在揮刀殺生之前夕，淨化了一個帶刀年輕人的心靈，使他內心充滿對愛情的幻想，因此也唱起情歌，而不是揮刀廝殺的聲音：

你臉白心好的女人，

在夢中也莫忘記帶一把花，

因爲這世界，也有作夢的男子。

無端夢在一處時你可以把花給他。㊶

但是這束花已枯萎，因爲臉白心好的女人，大概還害怕吳姓族人尋仇，不敢快樂自然出現在烏雞河地區。今晚兄弟仍然負責倒藥毒魚，這種野蠻風俗之存在，會使得花朵憔悴，只有廟裡的花草才長得自然美麗。㊷

玉家菜園變成花園：紳士喝酒賞菊寫詩的地方

〈菜園〉（1929）的背景是民國十五年以後，旗人玉琛太太在滿清被推翻後，流落小鎮，母子兩人貧窮窘迫，無以爲生，無意中因種北京白菜而救了一家人的災難，現在縣裡人人皆愛吃玉家菜園的白菜，玉家因此靠賣白菜爲生。兒子在二十二歲時，決定去北京大學讀書，三年後他回到小鎮，身邊還多了一位「過份美麗不適宜於做媳婦」的女子。她的美麗，使母親憂心。這一家三人與本城人彷彿生活在兩種世界裡，他們仍然過著自耕自食的生活。媳婦居然也喜歡田園耕種生活，尤其愛種菊花，母親因此留一塊地專種佳種菊花。

菊花暗示他們母子媳婦三人在軍閥混戰時期，決心要遠離亂世，潔身自好。可是就在他們在田圃料理菊花，雙手全是泥時，

忽然縣裡有人把這對年輕人「請去」，從此不再回來，第二天陳屍在教場的一隅。大街上有告示說，他們是政府要緝捕的人。㊸

秋天，菊花開遍一地，因園中菊花多且好，地方紳士和新貴強借作宴客的地方：

> 玉家菜園從此簡直成了玉家花園。內戰不興，天下太平，到秋天來地方有勢力的紳士在園中宴客，吃的是園中所出產的蔬菜，喝著好酒，同賞菊花。因為賞菊，大家在興頭中必賦詩……名士偉人，相聚一堂，人人盡歡而散……。㊹

〈菜園〉中的玉太太，年輕時是個美人，老來風姿還可想見一二。玉少琛從北京帶回來的媳婦也是「過份美麗」，「美麗到任何時見及皆不免出驚」㊺。但是她們二人加上少琛仍然保留菜農的兒子的樸實身分。有教養又能自食其力，生活在社會紛爭之外，不與世俗同流合污。

> 在門外溪邊小立，聽水聽蟬，或在瓜棚豆畦間談話，看天上晚霞……這一家仍然彷彿與一地方是兩種世界。㊻

所以小說選用「秋天來時菊花開遍一地」㊼作為結束前的背景。少琛夫妻二人被殺，母親上吊自縊死了。菊花這一次不單是代表美麗的女人青春，它是一種人類生活的方式，一種地球上純潔的世界，一旦如此的自然世界也被紳士新貴占有弄髒了，玉太太也「驟然憔悴如七十歲」，自願離開這片最後的樂園了。菊花為即將變成肅殺的大地帶來了生機，它是百花凋零時之秋花，它不畏風霜，獨開在衆花已凋時。〈菜園〉中的背景是鄉村中國，它的政治社會情況，正是「百花凋零之秋」，而菊花被人稱為「此花開盡更無花」，那麼玉太太及年輕兒媳之死亡，同樣令人感嘆「此花開盡更無花」的農村中國。城市中美麗的花早已絕滅，如今從北京帶來鄉野的花種也落入鄉紳新貴之手中，遭受蹂躪，玉太太自殺那天，天落大雪，菊死後，中國的鄉野就只白茫茫一片沒有花朵了。

象徵自然生命與女子的野花都在枯萎中

從〈夫婦〉、〈雨後〉到〈漁〉和〈菜園〉，小說的時代無論是民國還是傳說中的古代，背景都是鄉村中國。在這一片廣大自然的土地上，最引人注意，最美麗的生命，便是野生的花朵。沈從文自己從小在湘西鄉村長大，以後寫散文或小說，筆下的自然大地永遠都以花爲主調圖案。試讀〈靜〉(1932) 的這一段:

> 河對面有一個大坪，綠得同一塊大毯茵一樣，上面還繡得有各樣顏色的花朵。大坪盡頭遠處，可以看到好些菜園同一個小廟。菜園籬笆旁的桃花，同庵堂裡幾株桃花，正開得十分熱鬧。㊽

怪不得〈阿黑小史〉中的五明上山打柴回家，每天都背回來的，除了一捆枯枝，一定還有一束花，因爲野花是大自然最美麗的笑容，最原始自然的生命。城市人璜聞到其芬芳，喚醒了沉睡的慾望，小市鎮居民阿姐看見它盛開，領悟到「女人只是一朵花，開的再好也要枯」。〈漁〉中的吳姓弟弟看見山桂野菊，順手撿起，它馬上把他的復仇之心淨化，使他放下寶刀。心靈被淨化後，他便唱起情歌。這些都是因爲「每一種花每一種顏色都包含一種動人的回憶和美麗的聯想」。

配合著沈從文描寫被現代文明毀滅的鄉村中的小說的主題，這些花，不管象徵最美麗的自然生命形式，還是最自然大地的兒女，多數的野花都已枯萎，因爲原始的、自然的生命及其形式逐漸被城市現代文明毀壞。從偏僻的窯上出來的鄉下媳婦就因爲在山坳裡的稻草堆上與新婚丈夫很自然的做愛，被自命已現代化的村鎮保衛團以不道德的法律折磨。等她被免除沉潭與鞭打，她頭上的那束野花已枯萎。〈三個男人和一個女人〉的女子反叛商會會長（父親）要她嫁給軍官，她吞金自殺，當她屍體被人帶去山洞搶救，她「赤光身子睡在洞中石床上，地下身上各處撒滿了藍色野菊花」。在現代社會，如〈菜園〉中的事件，一家三口被地方軍政要人害死。強占花園作爲飲酒作樂場所，小說結束時雖沒提到，玉太太自縊死後，那一片菊花圃必然荒蕪了。

在現代城市文明帶來的物質、道德、政治邪惡勢力之前，一些舊習俗也已開始對原始自然的美麗生命及其生活形式加以毀壞或消滅。〈月下小景〉中，女人不准與第一個戀愛的男子結婚的規矩，強迫一對年輕男女服藥自殺，「睡在業已枯萎了的野花鋪就的石床上，等候藥力發作」。在〈漁〉中臉白心好的甘族美女，不敢露臉，只遺下花朵，大概還怕吳姓族人復仇。所以在大地上，自然的生命，就如花所遭到的命運，自古以來，已時時因人類的愚蠢而枯萎。

中國一向被稱爲花之國，而且每個女人原來都屬於一種花，因此相信有花神之存在。沈從文研究湘西農村文物中的圖案藝術時，特別對窗花、剪紙、婦女圍裙及衣服上的繡花的花朵圖案有興趣，他說它與農村人民生活感情有極重要聯繫，尤其花的圖案，與婦女的青春情感和願望相結合。㊾上面沈從文小說中的花朵，從小的角度看，花象徵著女人的青春，就如〈雨後〉中阿姐所覺悟的。〈夫婦〉的女子在村民眼中，它是山野之花，城市人從它的芳香引發了性慾。〈龍朱〉中的美女，每次男人追逐到她唱歌的地方，人便消失，只遺下無數野花，〈漁〉中甘族女子也是如此。可能受了佛經中的故事的影響，這些女人的足跡便是一朵花。即使受過大學教育，美麗又樸實的玉太太的媳婦，她從北京來到湘西小鎮，她的形象便是那一園的菊花。

花作爲女子之象徵還是跟原始自然之生命與生活形式分不開的。凡是被城市文明摧殘過的，建築在物質情慾的愛情故事，沈從文通常都不讓野花出現。〈柏子〉中水手與妓女的約會，〈旅店〉中老闆娘與過路商人的私通都沒有花，作者改用泥濘、野狗或雨水來代替。只有保留了神性的愛情與原始自然生活，才配得上野花的形象。

因此，野花與山洞經常一起出現，因爲回到山洞裡就是重歸原始自然。最明顯的使用山洞來象徵原始生命與生活方式的例子，出現在〈七個野人與最後一個迎春節〉（1929）裡㊿。由於現代統治者強行推動極權殘忍的統治，設立官府後，納稅與各種禁令，取締苗族宗法傳統，消滅原有風俗與生活習慣，使得一群以漁獵爲生的苗族人，爲逃避現實而重歸山洞裡去。在山洞裡，他們可以過著遠古原始氏族社會的生活，因而引起留在官府統治區苗人的響應。爲了怕苗人抗拒統治，政府派了七十個持槍的軍人，把七個野人活活燒死山洞裡，把頭顱帶回北溪。同樣的，〈阿黑小史〉裡的阿黑與五明的歡聚地點是在後坡山洞裡。〈三個男人和一個女人〉與〈醫生〉中的女子都是躺在山洞的石床上，然後用野花把她覆蓋著。《月下小景》中的男女也是在古碉堡裡睡在野花鋪就的石床上等待毒藥發作。〈雨後〉與〈夫婦〉雖然不在山洞裡，前者在草棚裡「撒野」，後者在山坳裡的稻草堆上，這些都含著原始與自然的意義了。

上面所分析的小說中，〈三個男人和一個女人〉、〈阿黑小史〉、〈漁〉、〈龍朱〉、〈菜園〉裡的花都說明是菊花，其他主要以無名的野花出現。菊花與一般野花都是生命力強，在大自然的山野裡，最有生機的花，尤其菊花，草色漸黃，百花凋零，獨有它盛開。但是「此花開盡更無花」，也許沈從文特別用它來暗示大地上最自然美麗的花朵枯萎之後，我們再也沒有花了。

注釋

① 沈從文〈連萃創作一集·序〉1951年5月21日《中央日報·文藝周刊》。

② 〈學習寫作〉《沈從文文集》第十一卷，頁357。本文所引沈從文作品之引文，除非特別注明，均出自《沈從文文集》共十二卷（香港：三聯書店，1982－1985）。

③ 〈燭虛〉同②，卷十一，頁280。

④ 〈《幽僻的陳莊》題記〉，同②，卷十一，頁39。

⑤ T.S.Eliot, *On Poetry and Poets*（New York: Noonday Press, 1961）,pp. 156－164。

⑥ 《燭虛》同②，卷十一，頁278。

⑦ 同⑥，頁278－279。

⑧ 〈短篇小說〉，同⑥，卷十二，頁114。

⑨ 〈燭虛〈，同②，卷十一，頁280－81。

⑩ 〈夫婦〉，同②，卷八，頁390。

⑪ 同⑩，頁387。

⑫ 同⑩，頁393。

⑬ 王繼志《沈從文論》（南京：江蘇教育出版社，1992），頁196－197及淩宇《從邊城走向世界》（北京：三聯書店，1985），262－75。在這些著作中，作者對這野花的象徵意義都有所分析。

⑭ 〈雨後〉，同②，卷二，頁930。

⑮ Jeffrey Kinkley, *The Odyssey of Shen Congwen*（Stanford: Stanford University Press, 1987）,pp.144－45.

⑯ 同②，卷八，頁184－93。

⑰ 同②，卷五，頁192－251。

⑱ 〈阿黑小史〉，同②，卷五，頁 245－46。

⑲ 〈採蕨〉，同②，卷八，頁 184。

⑳ 同⑲，卷八，頁 185－86。

㉑ 同⑲，卷八，頁 190。

㉒ 同⑲，卷八，頁 186。

㉓ 同⑲，卷八，頁 184。

㉔ 吳立昌曾從佛洛伊德性心理學角度分析這幾篇小說，見《沈從文：建築人性神廟》（上海：復旦大學出版社，1991），頁184－229。

㉕ 〈三個男人與一個女人〉，同②，卷六，頁 32。

㉖ 同㉕，卷六，頁 48。

㉗ 同㉕，卷六，頁 37。

㉘ 同㉕，卷六，頁 37。

㉙ 同②，卷四，頁196－201。

㉚ 同②，卷四，頁 194。

㉛ 同②，卷四，頁 191。

㉜ 同②，卷四，頁 198。

㉝ 王繼志對〈三個男人和一個女人〉有所分析，參考前注⑬，頁225－227。

㉞ 同②，卷五，頁 44－57。

㉟ 同②，卷五，頁 57。

㊱ 同②，卷二，頁 362－383。

㊲ 同②，卷三，頁 54。

㊳ 〈漁〉，同②，卷三，頁 46。

㊴ 同㊳，卷三，頁 47。

㊵ 同㊳，卷三，頁 50。

㊶ 同㊳，卷三，頁 48。

㊷ 關於〈漁〉的分析，參考凌宇，同⑬，頁191－193。

㊸ 〈菜園〉是一篇在 1957 年後經過政治刪改的典型作品，根據目前收集

在《文集》的這一篇，與原來作品意義很不相同，參考王潤華〈中國現代小說版本的危機〉《書目季刊》，第二六卷，第 1 期（1992年 6月），頁11－20。又參考以刪改後版本的分析結論，見凌宇《從邊城走向世界》，同注⑬，頁190，227－228及307；又見王繼志《沈從文論》，同注⑬，頁248－251。

㊹ 〈菜園〉，同②，卷六，頁270－271，未經政治刪改的〈菜園〉小說原文，收入《沈從文選集》（香港：文學出版社，1957），頁154－163。

㊺ 同㊹，卷六，頁 269。

㊻ 同㊺。

㊼ 同㊹，卷六，頁 270。

㊽ 同②，卷四，頁 257。

㊾ 沈從文《龍鳳藝術》（香港：商務印書館，1986），頁16－17。

㊿ 同②，卷八，頁 316－326。

8.

一條河流上擴大的抒情幻想
——探索人類靈魂意識深處的小說〈漁〉的解讀

一、從湯湯流水上，我明白了多少事

沈從文的許多小說，如〈柏子〉(1928)、〈漁〉(1929)、〈丈夫〉(1930) 及〈邊城〉(1934) 等，都是沅水溯流及其支流所激發出來的傑作。他自已在〈《沈從文小說選集》題記〉中說：

> 1928 年到 1947 年約二十年間，我寫了一大堆東西……至於文字中一部分充滿泥土氣息，一部分又文白雜糅，故事在寫實中依舊浸透一種抒情幻想成分……最親切熟悉的，或許還是我的家鄉和一條延長千里的沅水，及各個支流縣分鄉村人事……我的生命在這個環境中長成，因之和這一切分不開。(《文集》，11：70) ①

另外沈從文在〈我的寫作與水的關係〉一文中，又說從人事幻想到語言文字風格都是這些河流所帶給他的：

> 到十五歲以後，我的生活同一條辰河無從分開……
> 我雖離開了那條河流，我所寫的故事，卻多數是水邊的故

事。故事中我所最滿意的文章，常用船上水上作爲背景。我故事中人物的性格，全爲我在水邊船上所見到的人物性格。我文字中一點憂鬱氣氛，便因爲被過去十五年前南方的陰雨天氣影響而來。我文字風格，假若還有些值得注意處，那只是因爲我記得水上人的言語太多了。（《文集》，11：325）

河流給沈從文帶來不止是兩岸或水上的人事與夢幻，更重要的是流水使沈從文學會思索，深入的認識宇宙，擴大了他的想像空間：

在我一個自傳裡，我曾經提到過水給我種種的印象。檐溜，小小的河流，汪洋萬頃的大海，莫不對於我有過極大的幫助。我學會用小小腦子去思索一切，全虧得是水。我對於宇宙認識得深一點，也虧得是水。（《文集》，11：323）

從湯湯流水上，我明白了多少人事，學會了多少知識，見過了多少世界！我的想像是在這條河水上面擴大的。我把過去生活加以溫習，或對於未來生活有何安排，必依賴這一條河水。（《文集》，11：325）

他甚至承認，由於長年在河流邊居住，影響到他作品中關於人事哀樂的回憶「常是濕的」，他的小說憂鬱的文字，也是被湘西苗區河流的陰雨所影響。

因爲沈從文在 1931－1933 年期間，當他進入創作高峰期的時候，住在青島海邊，他又受了遼闊的海水之啓發，擴大了視境與心境：

海邊既那麼寬廣無涯無際，我對於人生遠景凝眸的機會便較多了些。海邊既那麼寂寞，它培養了我的孤獨心情。海放大了我的感情與希望，且放大了我的人格……（《文集》，

11：325－26）

要了解水如何創造了沈從文的小說，沈從文如何用水創造了他的小說，他的短篇小說〈漁〉是最好的詮釋。首先這是水邊船上的故事，而且是其中最滿意的。②人物與語言都是水邊船上的，小說敘事文字憂鬱氣氛，是南方苗區河流地帶的陰雨天氣所帶來的。更重要的，小說深層的結構，如深沉的思索方式都像流水一般，穿越時間、地域與歷史，所以沈從文說：「我學會用小小腦子去思索一切，全虧得是水。我對宇宙認識得深一點，也虧得是水。」沿著〈漁〉中的生活的、文化的、歷史的、意識流的河流結構去探索，我們不但能明白這篇作品的「人事」，「知識」，「世界」，而且「想像」的方式，也明白河流與沈從文其他作品的關係了。

二、我的想像是在這條河上面擴大的，從現實的烏雞河到人類意識流的世界

〈漁〉正是一篇「我的想像是在這條河上面擴大的」小說。故事一開始，烏雞河對岸的族人，正忙著準備捕魚，攜籮背刀，手持火把，在河中布滿了罾。吳家兄弟溯流而上，在上游五里處等候子時的到來，把滿船的石灰、辣椒、油枯合成的毒魚藥，沉到河中。當小說結束時，毒藥順水而下，河中的魚蝦便頭昏眼花地浮出水面，任由下游沿岸的人捕捉。吳姓兄弟也回到下游，與衆人一起忙著揮刀砍魚，直到第二天天亮時，還有小孩子在淺灘上撿拾魚蝦。

沈從文很自然的透過吳姓兄弟夜裡在烏雞河上下游往返一趟，把河兩岸苗族的野蠻習俗，人類黑暗的歷史，一一讓下了毒的流水，浮現河面，另一方面也把吳姓兄弟，山腰上天王廟的和

倘之記憶與內心意識沖擊到淺灘上去，任人撿拾。

因此烏雞河是一條時間的河流、歷史的河流，沈從文要把讀者陪同吳姓兄弟放進河中的小船，讓我們在下了毒的水中去思索一切，這樣才能對宇宙人類認識深一點。③

三、意識之河流：溯游而上，回到野蠻黑暗與浪漫美麗的心靈深處

吳姓兄弟被分派負責到上游五里處，等候子時是象徵族人要他們回到黑暗的族人的意識裡去，這是黑暗的心靈之旅：

> 今夜間，他們把船撐到了應當沉船的地方，天還剛斷黑不久，地方是荒灘，相傳在這地方過去兩百年以前，甘吳兩姓族人曾在此河岸各聚了五百餘彪壯漢子大戰過一次，這一戰的結果是兩方同歸於盡，……所以這地兩岸石塊皆作褐色，彷彿爲人血所漬而成。(《文集》，3：43)

本來甘吳間兩族的仇恨，「時間一久，這事在這一對孿生弟兄心上自然也漸漸忘記了。」(3：43) 但今晚把船撐到上游兩岸赤壁淺灘，每走一步，便踏到勾起回憶的岸邊岩石，跌進了古久的族人回憶裡，醒悟身上配刀還未飲過甘姓仇人的血。

烏雞河是苗族的時間之河、歷史之河，流動著族人的意識。每年夏天七月的午夜，人們把毒藥傾倒入河中，象徵他們還是擺脫不了殘殺的野蠻行爲。他們的刀，現在不准許用來讓族人互相流血爲樂，只好在每年殺魚砍蛇或打獵時來發洩。所以吳姓兄弟午時放藥放炮，是指揮另一場浩劫衆生的野蠻遊戲。爲了加強格鬥是群體的習俗，兄弟二人放藥後便回到下游，與兩族人一起在河中進行一年一度的流血祭禮。

沈從文獨具匠心的安排吳姓兄弟到了上游已是黑夜，在夢幻

似的朦朧月光下的荒灘、亂石、河流、古廟、山巒，使人猶如回到蠻荒時代裡的洪荒土地裡去。爲了讓吳姓兄弟更深入回到兩族仇恨的記憶深處，作者特地安排他們到山上去看訪廟裡的和尙。這間廟是因爲數十年前大屠殺慘案發生後建的，目的是爲了使夜裡撐船過此的人不會感到恐懼。這和尙對甘吳兩族兩姓的事，知道得一淸二楚，「和尙所知道太多，正像知道太多，所以成爲和尙了。」(3: 51) 這和尙等於已死去的甘吳好鬥的那一代唯一遺留下的記憶。不過和尙只說了一些，便停止了：

> 這和尚，想起了什麼再不説話，他一面細細的端詳月光下那弟兄的臉，一面沈默在一件記憶裡。(《文集》，3: 49)

看情形這和尙很可能是最後一次甘吳兩姓族人所謂「同歸於盡」的格殺後之倖免者。他洩漏甘姓朝字輩族人還有人存在，而這個人可能就是謠傳被大水沖走的一位女兒。她的突然隱隱約約的存在之跡象出現（在山廟前撿到一束女人遺留下來的野花），弟弟便放下寶刀，整夜爲可能出現的白臉女人而幻想。放了藥，回到下游去捕斫魚的時候，弟弟若有所思，完全放棄了刀，他覺得擁有一束憔悴的花就是最快樂的人：

> 過了一小時左右，吳姓弟兄已在烏雞河下游深可及膝的水中，揮刀斫取魚類了。那哥哥，勇敢如昔年戰士，在月光下揮刀撩砍水面爲藥所醉的水蛇，似乎也報了大仇。那弟弟則一心想到旁的事情，簍中無一成績。
>
> ……當夜是眞有許多幸運的人，到天明以前，就得到許多魚回家，使家中人歡喜到吃驚的事，那吳家年輕一點的漢子，他只得一束憔悴的花。(《文集》，3: 53－54)

吳姓兄弟是在靜寂中聽到山廟的木魚聲才想上山去看和尙。木魚聲與誦經聲，加上廟前石桌上女人遺下的野花，觸動了弟弟的遐想。和尚說，廟門就是進入天堂的門，所以邀請他們進去，還說地方雖小，他卻快樂如生活在天堂：

> ……地方小，不太骯髒就是了。我一個人在這裡，無事栽一點花草……（《文集》，3：50）

這裡暗示和尚是爲了逃離骯髒的地方才上山到廟裡過著出世的生活。

今夜吳姓兄弟沿著木魚聲、誦經聲及蟲聲，走盡曲折的山徑，涉水上山，等於尋求他們族人的回憶，決心回到他們族人的心靈深處。他們在那裡發現木魚與誦經的懺悔聲，族人留下浪漫美麗的花朵。哥哥還是選擇了刀去斫魚殺蛇，以洩冤仇，弟弟則選擇花朵，把女人的偶像安置在心上。不過他們兩人最後還是回到族人意識之河，把藥傾倒進水裡，荼毒衆生，雖然弟弟沒有再揮動他的寶刀。

四、衆生浩劫之河：因為流血過多，兩岸石塊皆作褐色

烏雞河每年七月的夏天夜裡，都有一次放藥毒魚的活動。河中的魚蝦遭受劫數時，華山寨的苗族不同姓氏的人，還是有互相格殺的衝動，只是當事人將好鬥者約束住。因此他們把仇殺之恨，發洩在河中的魚蛇身上。這條河是一條衆生浩劫之河，過去流著苗族人的血，現在流著水裡生物的血。

甘家族人住在烏雞河的左岸，吳姓族人住在右邊。這兩大族人在極遠古時代，就結下冤仇，直到最近爲止，還經常發生鬥爭。兩方喜歡約集相等人數，在河岸田坪間互相格殺，以互相流血爲樂。男子向前作戰，女人則站在山上吶喊助威。夜漁其實是族人過去野蠻好鬥所遺留下的習俗。和尚看見兄弟帶著刀上廟裡

來，便問他們爲何來這裡，哥哥說：「因爲村中毒魚派我們坐船來倒藥。」和尙馬上說：「衆生在劫，阿彌陀佛。」爲了喚起兩族廝殺的回憶，夜漁的場面就如戰爭，除了放炮、打鑼，中間還有婦女銳聲喊叫：

> ……沿河數里皆火把照耀，人人低聲吶喊，有如赴敵，時間是正三更……吳家弟兄已在烏雞河下游深可及膝的水中，揮刀斫取魚類了。那哥哥，勇敢如昔年戰士，在月光下揮刀撩砍水面爲藥所醉的水蛇，似乎也報了大仇。……（《文集》，3：53）

以前戰爭之後，「勝利者用紅血所染的巾纏於頭上，矛尖穿著人頭，唱歌回家」，（3：42）現在夜漁之後，「當夜是眞有許多幸運的人，到天明以前，就得到許多魚回家，使家中人歡喜吃驚的事」。苗族的浩劫停止了，但水族的浩劫還會繼續下去，因爲人類就如小孩子，並不會了解，如和尙所明白的，是一場浩劫。所以小說以這樣的文字結束：

> 下過藥的烏雞河，直到第二天，還有小孩子在淺灘上撿拾魚蝦。這事情每年有一次，像過節划龍船。（《文集》，3：54）

小孩子並不會意識到這是一場浩劫，以爲這只是像賽龍舟那樣的節日活動。只有當他們像吳家兄弟長大，才明白身上配的刀是爲了復仇，河岸岩石褐色，是族人的血所染紅，山上的廟是爲了慘死的鬼魂而建。但在他們之中，只有那和尙，才明白什麼是「衆生在劫」。

五、孿生的仇與愛：孿生兄弟與姐妹星，寶刀與野花，山歌與木魚

沈從文在以湘西沅水流域爲背景的小說特點，除了富有傳奇

神秘及幻想色彩的苗族生活，他經常表現這種原始自然的生命與生活形式，已遭受現代文明的侵襲，並逐漸在毀滅中。但是這並不是湘西這片古老洪荒土地唯一的悲劇。由於「地極荒，人極蠻」，自然生長的野蠻習氣的本土文化，也給自然的生活投下陰影。譬如〈月下小景〉中「女人同第一個男子戀愛，卻只許同第二個男子結婚」的野蠻規矩，就毀滅了不少美麗的戀愛與情人。④〈漁〉中的族人原始習俗中的勇敢、誠實、熱情固然理想，但也有其荒誕的野蠻一面。譬如兩族以互相殘殺爲樂，因此冤仇永遠生生不息。⑤

其實沈從文在〈漁〉中，所呈現的夢幻似的洪荒原始大地，在朦朧的月色下，大自然的原始景物也有它的美麗與醜惡、理想與荒誕的一面。譬如浴在月色中的山野景物，固然美麗迷人，但同樣一塊大石，在月光下，也有一半美一半醜的現象：

> 人走著，月亮的光照到灘上，大石的一面爲月光所不及，如躲有鬼魔……（《文集》，3：45）

另外河邊裝滿茶毒生靈的毒藥的船是可惡的，但在月亮照耀下，成了一頭可愛的水牛，月色中的田野雖然美麗卻藏著血腥大悲劇：

> 上了高岸，人已與船離遠有三十丈了。望到在月光中的船，一船黑色毒魚物料像一隻水牛。船在粼粼波光中輕輕搖擺，如極懂事，若無繫繩，似乎自動也會在水中遊戲。又望到對河遠處平岡，浴在月色中，一抹淡灰。下游遠處水面則浮有一層白霧，如淡牛奶……
>
> 他們在岸上不動，哥哥想起了舊事。
>
> 「這裡死了我們族中五百漢子。他們也死了五百。」（《文集》，3：45）

沈從文很顯然的，是要表現美與醜、理想與荒謬是雙生的，所以世界人生是荒謬的，即使在遠古的原始野蠻的社會裡。人生現象、宇宙萬物都是對立的二面。

所以在烏雞河的兩岸，甘姓在河左，吳姓在河右，雖然他們像一對孿生的華山寨名族，卻偏偏氣質人品不同，因此荒誕與美麗便發生了。吳家子弟皆強勇如虎豹，甘族出美人，多文人，兩族不但格格不入，而且爲了極小的事，互相流血殺鬥，從古遠就種下生生不息的冤仇。美女嫁英雄俊男的理想卻被仇恨毀滅了。

吳姓兄弟爲孿生，模樣如一人，但是氣質卻很不一樣，雖然弟弟常常聽從哥哥的決定，兩人性情愛好剛好相反。在上山的路上，在廟門口，哥哥喜歡揮刀斫樹練武，刀在颼颼風聲中寒光四溢，他心裡想的，口裡說的，都是尋找仇人報仇的事。最後在河中勇敢如昔年戰士，揮刀砍魚殺蛇，以洩大仇之恨。弟弟在山路上，在月光下，愛聽蟋蟀，他爲自己沒有帶笛子而感到遺憾。明月清風使他情緒縹緲，情不自禁的輕輕唱出山歌來。當他看見廟門前石桌上的一束花，他把刀放下，拈起花，當哥哥在月下舞刀，弟弟卻掉進爲一個女子所遺留下的花朵的遐想中：

> ……那哥哥，在坪中大月光下舞刀，作刺劈種種優美姿勢，他的心，只在刀風中來去，進退矯健不凡，這漢子可說是吳姓族最純潔的男子了。至於弟弟呢，他把那已經半憔悴了擲到石桌上的山桂野菊拾起，藏到麂皮抱肚中，這人有詩人氣氛，身體不及阿哥強，故於事情多遐想而少成就，他這時只全不負責的想像這是一個女子所遺的花朵。照烏雞河華山寨風俗，則女人遺花被陌生男子撿起，這男子即可進一步與女人要好唱歌，把女人的心得到。（《文集》，3：47）

而這留下花的女人，很可能是甘姓女子留下的，她謠傳被大水沖走，大概並沒有死，只是藉此逃開吳姓人的追殺而已。

最後當哥哥在河裡揮刀砍殺魚蛇，「那弟弟則一心想到旁的事情，簍中無一成績。」弟弟已完全把寶刀遺棄。所以回家時，「那吳家年輕一點的漢子，他只得一束憔悴的花。」（《文集》，3：54）

〈漁〉特別強調人世間的遺憾情懷。吳家兄弟與姐妹星，一對在人間，一對在天上，遙不可及，而唯一的甘族女子又相傳被河水沖走。當弟弟在廟前唱山歌，哥哥在廟前舞刀時，老和尙誦經與敲木魚聲不絕，形成強烈的對照。和尙年輕時也唱山歌，對甘吳二族決鬥流血的事也一淸二楚。現在正當一年一度「衆生在劫」時，他做晚課至深夜，而兄弟在等候倒藥時間的到來，因在灘下聽到木魚聲，才想起到山廟去，而且身上帶著磨利的寶刀。這些矛盾的事件與情懷，都在表現這是一個如幻如夢的大千世界。和尙和那山廟的出現，對仇恨與戀愛，殘害衆生與浪漫的野蠻習性，無疑提出一些警號。兄弟二人在自言自語中所說的如「那和尙年輕時可不知做了些什麼壞事」、「和尙所知道太多……所以成爲和尙了」，已有所領悟。

但是花朵、木魚與唸經所引起的對美的浪漫世界的醒悟，由於午夜的到來，大地又回歸黑暗，人類心靈也充滿黑暗，另一場浩劫又在發生了。

> 這時風已全息了。山上的木魚聲亦已寂然無聞。雖遠處的雞與近身荒灘上的蟲，聲音皆無一時停止，但因此並不顯出這世界是醒著。一切光景只能說如夢如幻尚彷彿可得其一二，其他刻劃皆近於多餘了。（《文集》，3：53）

接下去吳姓兄弟便把藥倒進河中，這片原始土地又被火把、吶喊、揮刀砍殺事所統治著。幸好有仇必有愛，弟弟在哥哥揮刀砍蛇報仇時，還只想著那女人，他不要毒死的魚，只帶著一束憔悴的花回家。所以世界還是有希望的。弟弟溯流而上，進入人類的心靈，發現人的心靈深處還有愛情，大地也有美麗的花朵，雖然已開始枯萎了。

六、寫實中依舊浸透一種抒情幻想：夢幻景致與人生之迷

我在上面已引用〈《沈從文小說選集》·題記〉中有關「在寫實中依舊浸透一種抒情幻想成分」的文字。沈從文〈《沈從文散文選》·題記〉通論散文小說作品中，又強調他的全部鄉土作品中「散文詩」的效果：

> 我的作品稍稍異於同時代作家處，在一開始寫作時，取材的側重在寫我的家鄉，我生於斯長於斯的一條延長千里水路的沅水流域。對沅水和它的五個支流、十多個縣分的城鎮及幾百大小水碼頭給我留下人事哀樂、景物印象，想試試作綜合處理，看是不是能產生點散文詩的效果。（《文集》，11：80）

有了詩的抒情與幻想，作品才能進入深度的境界。在〈短篇小說〉他再提出詩的抒情的重要性：

> 一切藝術都容許作者注入一種詩的抒情，短篇小說也不例外。……尤其是詩人那點人生感慨，如果成爲一個作者寫作的動力時，作品的深刻性就必然因之而增加。（《文集》，12：126）

這篇〈漁〉便充分注入了抒情詩的幻想成分。當吳姓兄弟在月色朦朧中，在木魚聲與河水聲中，從毛草中曲折山徑走向山

頂,「一切皆如夢中景致」:

> 他們慢慢的從一些石頭上踹過,又從一些毛草中走過,越走與山廟越近,與河水越離遠了。兩弟兄到半山腰停頓了一會,回頭望山下,山下一切皆如夢中景致。向山上走去時,有時忽聽到木魚聲音較近,有時反覺漸遠。到了山腰一停頓,略略把喘息一定,就清清楚楚聽到木魚聲音以外還有唸經聲音了。稍稍一會這兩弟兄就又往上走去,哥哥把刀向左右劈,如在一種危險地方……(《文集》,3:46)
>
> 「……」
>
> 他們到了山廟門前了,靜悄悄的廟門前,山神土地小石屋中還有一盞微光如豆的燈火。月光灑了一地,一方石板寬坪還有石桌石椅可供人坐。和尚似乎毫無知覺,木魚聲朗朗起自廟裡,那弟弟不願意拍門。
>
> 「哥,不要吵鬧了別人。」
>
> 這樣說著,自己就坐到那石凳上去,而且把刀也放在石桌上了,他同時順眼望到一些草花,似經人不久採來散亂的丟到那裡。弟弟詫異了,因爲他以爲這絕對不是廟中和尚做的事。(《文集》,3:46)

再看下面「如夢如幻」的光景:

> 那作弟弟的,雖然聽到哥哥說這樣話,但酒肉已經告罄,也沒有必須呆坐在這石上的理由了,就跳下石頭向船邊奔去。他看了一會湯湯流去的水,又抬起頭來看天上的星。這時風已全息了。山上的木魚聲亦已寂然無聞。雖遠處的雞與近身荒灘上的蟲,聲音皆無一時停止,但因此並不顯出這世界是醒著。一切光景只能說如夢如幻尚彷彿可得其一二,其他刻劃皆近於多餘了。

> 過一會，兩人脫了衣，把一切東西放到灘上乾處，赤身的慢慢把船搖到河中水。船應撐到灘口水急處，那弟弟就先下水，推著船尾前進，在長潭中游泳著，用腳拍水，身後的浪花照到月光下皆如銀子。
>
> 不久候在下游的人就聽到炮聲了，本來是火把已經熄了的。於是全重新點燃了，沿河數里皆火把照耀，人人低聲吶喊，有如赴敵，時間是正三更，姐妹星剛剛發現。過了一小時左右，吳家弟兄已在烏雞河下游深可及膝的水中，揮刀斫取魚類了。那哥哥，勇敢如昔年戰士，在月光下揮刀撩砍水面爲藥所醉的水蛇，似乎也報了仇。那弟弟則一心想到旁的事情，簍中無一成績。(《文集》，3：53)

木魚聲、蟲聲、風聲都突然止息，因爲萬物都感到一場大劫大難就要來臨，而又無力阻止。吳姓兄弟赤條條跳進浩劫之河中，象徵他們又被原始所征服，回到野蠻的殺生的一年一度的祭禮裡去。不過弟弟已在拒絕仇恨，他心中有了愛情。

上面二段只是〈漁〉中許多充滿原始朦朧與夢幻的意境，小說中的一景一物，神秘的月光、山廟、湯湯流水、血漬染紅的兩岸岩石、荒灘上的大石、廟前石桌上的遺花、互相交迭的舞刀、唸經、木魚、野蟲、山歌之聲音，使得故事更加富於夢幻，更有抒情詩的效果。在這種原始蒙昧的蠻荒世界裡，自然處處都有令人迷惑不解的人生之謎：古廟前的野花是誰留下的？花與和尙有什麼關係？老和尙與兩族殘殺流血之仇恨有什麼關係？他做了什麼壞事才出家？甘家女子眞的被大水沖走？是她遺下的花嗎？如此夢幻的問題，可以不停的出現。另外還有許多使人百思莫解的事件：孿生兄弟在午夜等候姐妹星之出現，哥哥把蛇當仇人砍殺，天空上的姐妹星與懷中的花，是使得弟弟不砍殺魚的原因嗎？每個讀者對這些景象事件都會有所想像，這樣〈漁〉小說中現實的世界便讓夢與幻大大擴大了。譬如兩族一左一右住在河的兩岸，生於斯死於斯，又靠漁獵爲生。小說中「流血」經常出現，兩族又是以「互相流血爲樂」的民族，每次夜漁，就有廝殺的衝動。所以河流象徵著流血的悲劇。河岸褐色的岩石，山上的古廟就是見證者。小說結束時，天亮了，「還有小孩子在淺灘上撿拾魚蝦」。連小孩都知道這是一條浩劫之河。

七、探索人的靈魂深處或意識邊際

沈從文對小說內涵曾作以下的詮釋：

> 把小說看成「用文字很恰當記錄下來的人事」。因爲既然是人事，就容許包含了兩個部分：一是社會現象，是說人與人相互之間的種種關係；一是夢的現象，便是說人的心或意識的單獨種種活動。單是第一部分容易成爲日常報紙記事，單是第二部分又容易成爲詩歌。必須把人事和夢兩種成分相混合，用語言文字來好好裝飾剪裁，處理得極其恰當，才可望成爲一個小說。（〈短篇小說〉，《文集》，12：114）

他自己就曾指出，像〈邊城〉就是嘗試「將我某種受壓抑的夢寫在紙上」（〈水雲〉，《文集》，10：280）。因爲社會現象與夢象並重，詩歌與散文兼用，〈漁〉才沒有停留在苗族普通夜漁的生活上。小說現實現象是：苗族把毒藥倒進河裡毒魚，負責倒藥的孿生兄弟脫隊單獨溯河而上，由於時間還早，木魚聲使他們棄船登山到廟裡看訪和尚。溯流而上及上山是象徵這兩兄弟進入夢象中，即深「入」的心或意識的單獨種種活動，目的是爲了探索他們族群及個人的靈魂及意識。下面這段文字可作上面從人事到夢象之補充：

> 我實需要「靜」，用它來培養「知」，啓發「慧」，悟徹「愛」和「怨」等等文字相對的意義。到明白較多後，再用它來重新給「人」好好作一度詮釋，超越世俗愛憎哀樂的方式，探索「人」的靈魂深處或意識邊際，發現「人」，說明「愛」與「死」可能具有若干新的形式。這工作必然可將那個「我」擴大，占有更大的空間，或更長久的時間。（〈燭虛〉《文集》，11：280－81）

因爲要探索人的靈魂深處或意識邊際，去發現人，詮釋人，沈從文特意安排兄弟二人溯流而上五里，然後在荒灘上發現因流血而染紅的兩岸岩石，因殺人太多而建的古廟，還有對岸河平岡上兩族各死五百的舊戰場。接著在月光下從雜草叢生的山徑走上廟前，野花，和尙口中的女人及許多往事，都是靈魂深處或意識邊緣的東西了。

小說結束前，兄弟二人回到下游，加入兩族人群漁獵的活動，這象徵他們回到現實，回到群體的意識中，又開始大屠殺的流血祭禮，不過弟弟在意識裡卻拒絕回到族群的流血野蠻的習俗裡。

注釋

① 本文所引沈從文的著作均根據《沈從文文集》共十二卷（香港：三聯書店，1982－1985），除非另外說明。爲了省略，只在文末注明卷數與頁碼，如11：70，即第十一卷第70頁。

② 目前所有沈從文研究專書中，只有凌宇的《從邊城走向世界》（北京：三聯書店，1985）比較重視這篇《漁》，有約二頁的討論，見頁191－193。

③ 關於沈從文在創作上所表現潛意識主題與佛洛伊德學說之影響，可參考吳立昌《沈從文：建築人性神廟》（上海：復旦大學出版社，1991），頁 184－229。

④ 小說見《文集》，5：44－57，關於對這篇小說的分析見王繼志《沈從文論》（南京：江蘇教育出版社，1992），頁185－187，凌宇《從邊城走向世界》，頁280－285，及 Jeffrey Kinkley，*The Odyssey of Shen Congwen*（Stanford：Stanford University Press 1987），pp. 152－155。

⑤ 凌宇在《從邊城走向世界》一書中說：「以少數民族生活習俗爲題材的作品，被置於原始社會背景下，那裡沒有絲毫階級社會的因素，甚至連原始社會野蠻的一面也被剔除了。」（頁283）作者在《沈從文傳》（北京：北京十月出版社，1988）中改變這種看法，參考頁161－168。

9.

世紀末思潮在沈從文〈旅店〉中留下的痕跡

一、五四思潮有很濃厚的「世紀末」的色彩

「世紀末」(法語 fin desiecle, 英語 end of the century) 是指十九世紀末最後二十年。「世紀末」思潮是指十九世紀末歐洲廣泛流行的一種思想潮流。這時資本主義繁榮發展的結果，造成社會階級的分化，產生很多無產者、失業者、破產者。在科學昌明，社會進步的同時，社會上也出現貧窮、飢餓、無恥、賣淫、欺詐等現象。人們心中充滿不安、失意、絕望，社會充滿混亂。於是，人對理想、信仰失去信心，另一方面又企圖在頹廢、官能感覺、野性等東西中尋找新的生命意義與價值。在這時期，出現對偏重理性、理想主義的主潮的反動思想，促成文明沒落、人種退化的悲觀主義反調大量出籠。西方這種世紀末思潮與進步的、理想的文明觀打對台，傳入中國後，又與本土的因素結合，形成一股很大的中國式世紀末思潮。①

孫隆基近年來對歐洲世紀末思潮在五四時期對中國思想、文學所產生之影響之研究，很引起我的注意與興趣。他的研究很有說服力的指出一個史實：五四這個中國啓蒙運動不同於歐洲十八

世紀之啓蒙運動，五四思潮有很濃厚的「世紀末」色彩。雖然當時在中國，科學、民主、進步觀念無疑占主導地位，但「世紀末」思潮帶來的頹廢、唯美、文明沒落與種族退化論等學說，亦影響深巨。欲充分理解五四思想與文學，我覺得孫隆基的研究是不可少的。在〈世紀末思潮——前無去路的理想主義〉一文中，他溯尋歐洲世紀末思想在中國的發展線索，令人信服的指出世紀末思潮在二十世紀的中國也留有痕跡。②孫隆基在較早時期的研究已指出，在魯迅的文學思想與作品中，帶有很濃厚的「世界末」色彩。③近年來，求證世紀末思潮對中國現代文學作家及其作品之影響已成熱門課題，日本學者岩佐昌暲不久前以「世紀末」美術的特點，分析馮至〈蛇〉詩中的具體形象，因爲馮至自己承認這首詩是受了「世紀末」畫家畢亞茲（Beardsley）的畫中蛇銜一朵花的形象所啓發而寫的。這是岩佐的結論：④

> 馮至在這首詩裡所用的、構成全詩情景的主要元素（語匯）都帶著很濃的「世紀末」文藝的色彩。

本文嘗試以孫隆基〈世紀末思潮——前無去路的理想主義〉論文中所尋獲的「世紀末」思潮在二十世紀中國留下的痕跡，來解構沈從文的短篇小說〈旅店〉（1929）。⑤沈從文與世紀末悲觀理論，例如性心理學、精神分析心理學、民俗學之接觸，深受過世紀末思潮影響的作家與沈從文的關係，在過去十年間許多沈從文研究著作中已有探討。並肯定沈從文與頹廢思潮理論家（如周作人、張東蓀、陸志葦）或受世紀末文藝思潮影響的作家（如廢名、施蟄存）的關係。⑥因此我在本文中，不再尋求影響的證據，只專心把〈旅店〉小說中的各個組成部分拆開，從各個現象之間，系統語言裡面，尋找隱含的共性和普通性的敘事結構。

二、旅店:「封死掉」的世紀末感覺

西方世紀末的文明現象傳入中國後，又與本地因素結合，形成一股悲觀絕望的思潮。許多知識份子就用它來批判中國看不見理想的現實。西方世紀末這種「封死掉」(closure) 感覺與社會環境，魯迅在〈《吶喊》序〉中用「鐵屋子」來象徵:

> 假如一間鐵屋子，是絕無窗户而萬難破毀的，裡面有許多熟睡的人們，不久都要悶死了，然而是從昏睡入死滅，並不感到就死的悲哀，現在你大嚷起來，驚起了較爲清醒的幾個人，使這不幸的少數者來受無可挽救的臨終的苦楚，你倒以爲對得起他們麼? ⑦

沈從文的短篇小說的題目〈旅店〉，本來帶來傳統上包含著浪漫的情調，但是小說一開始呈現了世紀末的情緒與現象: 在一間在湘黔交界上崇山峻嶺的小旅店，每天從八十或一百里遙遠地方走來的人，筋骨疲勞不堪，他們一走進屋裡，便「爲睡所攫，張了口，像死屍，躺在那用乾稻草鋪好的硬炕上打鼾」(《文集》, 8: 302)。第二天，他們在天亮前就摸黑上路了。所以旅店是一間鐵屋子，裡面充滿世紀末現象，因爲他們成爲失去自我，過著夢幻不安的生活:

> 他們在那裡作夢，不外乎夢到打架、口渴、燒山、賭錢等等事。他們在日裡時節，生活在一種已成習慣了的簡單形式中，吃、喝、走路、罵娘，一切一切覺得已夠，到可以睡時就把腳一伸，躺下一分鐘就已睡著了。(《文集》, 8: 302)

住在這旅店的人都生活在被命運控制住的無奈感中，他們都有病態心理或過著病態的生活。像那四個買賣紙的商人，他們一出現時，也是「睡在一個長大木床上作夢」。(《文集》，8：303)，他們過著像行腳僧的生活，但行腳僧沒有他們的疲勞與焦慮感：

> 在主人名字名爲黑貓的小店中，有四個走長路的人，還睡在一個長大木床上作夢。他們從鎮遠以上，一個產紙的地方，各人肩上扛了一擔紙下來，預備到屈原溯江時所停船的辰陽地方去。路走了將近一半。再有十一天，他們就可以把紙賣給鋪子回頭了。做著這樣彷彿行腳僧事業的人，是爲了生兒育女的緣故，長年得奔走的。每一次可以休息十天，通計一年之中有四分之三在各地小旅店中過夜。習慣把這些人變成比他一種商人更能耐勞，旅店與家也近乎是同樣的一種地方了。(《文集》，8：303)

而旅店女主人黑貓，年紀二十七歲，年輕的丈夫卻已經死了四年，把黑貓美麗的名字留給一切過往客人呼喚。旅店中唯一助理，是一個有先天缺陷的四十多歲的駝背男人。

黑貓具有烏婆族婦女的風流嬌俏，也有花腳族的熱情。但是丈夫死後，爲了生活，只好在旅店中營業，做些賣飯、賣酒的工作，把女性慾望磨滅掉了，在沒有選擇中，「做著寡婦生活下去。」(〈文集〉，8：304)

小說結束時，四個商人中大鼻客人在路上發急病死了。黑貓與大鼻子在野外暗交後生下一個小孩，爲了遮掩住流言，駝子充當了黑貓的丈夫。大家都無法明白黑貓怎會喜歡上駝子，又怎麼會生下孩子。

旅店原來具有浪漫的人生經驗與家的原型意義，因爲它象徵奇遇、安寧和溫馨。但是當你走進旅店，看見裡面的人天天熟睡不醒，張開口，爲夢幻所折磨，你就明白結構主義注重的文學系統的語言，象徵普遍性的功能在〈旅店〉發揮不了作用。上述病態的生命形式以及小說中其他符號本身就解構了傳統「旅店」的意義結構，原型象徵意義。等我們在下面再解讀下去時，就明白構成〈旅店〉本文的每個語言符號都與本文之外的其他符號關聯，在形成差異時，便顯出自己的價值。⑧

所以旅店，就如魯迅的鐵屋子，當我把這篇小說與孫隆基的世紀末研究報告一起閱讀，它代表世紀末的文明觀。沈從文這間悲觀絕望的旅店，是用西方世紀末思潮建造的。從這裡，我們能了解當時世紀末思潮影響下，某些中國人的生活思想心態。

三、文明沒落，人種退化的族群

經過沈從文特意的安排，讀者一踏進旅店之後，看見的是所有房客的生活與心理形態：他們每天爲商業利益而奔跑苦不堪言。白天和夢中，都是打架、賭錢、吃喝、罵娘。接著小說把鏡頭拉近，焦點落在那四個紙商身上。他們也是過著醉生夢死的生活。過後沈從文把焦點集中在個人身上。旅店主人很年輕就死了，作者只說他「料不到很早就死去」，不知是感染上疾病，還是別的原因。丈夫死後，妻子黑貓繼承店中的營業，每天忙著賣飯賣酒，還要招待客人住宿，三年來她「與男女事無關，與愛無份」。駝子說「世界變了，女人不好好的年輕時唱歌喝酒，倒來作飯店主人」。黑貓雇請的男助手是個難看的四十多歲的駝背男子，是屬於「不濟」於事的男人。住店的其他人，還有只會炫耀富貴的上司和愛好揮霍的煙土客，都是黑貓所說「都不濟」的人。

旅店裡的人，都是代表種族退化、文明沒落的世紀末的人。種族退化、文明沒落，一般被歸咎於工商業化、都市化、酒精中毒、神經衰弱、傳染病。上面這些人，都是由於工商業發達，才日夜忙於奔命去賺錢，損害健康，大鼻子就是染上急病死了，黑貓丈夫可能也是。現代化生活通常都以各種疾病來象徵，而現代人多數患上疾病，尤其是來自都市的生意人。〈夫婦〉中的璜從都市到鄉村，想利用大自然治療他的神經病，〈三三〉中的白臉男子到鄉子，想以新鮮的陽光治療肺癆病，但都沒有成功，因爲他們已病入膏肓，大自然也難以治癒他們。⑨

即使黑貓把大鼻子誘惑上，正要跟隨她去河邊汲水時，在樹林中野合，他們也還在談個不休關於殺死野生動物，售賣狗皮狐皮如何容易發財的生意經。最後還是黑貓有所反感，故意打斷，才停止庸俗的談話。這是黑貓開始反對太過理性化生活的開始的暗示，因爲世紀末思潮反對偏重理性化、反對工商業化、實利與庸俗。另一方面卻強調非理性，潛意識的黑暗面。黑貓罵他們眼睛只看見銀兩，卻看不見等著男人去享受的性感的身體，便有這種啓示：

> 你親眼見些什麼呢？許多事你就不會親眼見到。若是你有眼睛，早是——這話是黑貓說的。說了她就笑。(《文集》，8：309)

四、旅店内外：文明與自然

世紀末思潮跟現代文明對抗時，它還能設想在「文明」之外有一個可以和它對抗的「自然」：

> 「世紀末」思潮是對現代文明的一種抗議，但和今日同類抗議不同之處，在於還能設想在「文明」之外有一個可以和它對抗的「自然」。沿著「現代主義」到「後現代主義」的軌跡，二十世紀思潮明顯地浮現「文明」病態的不斷蔓延和深化，已把「自然」全面取消。⑩

所以在世紀末到二十世紀初，不少西方作家在文明與自然對抗上做文章。英國湯馬斯·哈代（Thomas Hardy，1840－1928）作品表現人在自然前的無力感，⑪美國作家傑克·倫敦（Jack London，1876－1916）則希望文明人回歸自然，投入原始中。他的《野性呼喚》（*The Call of the Wild*，1903）寫一頭家狗，回返自然，變成野狼。⑫

旅店開設在過湖南界下辰州的山腳下。住客在此住宿一夜，是爲了積蓄精力，往前走過群山峻嶺。他們在自然原始面前感到無能爲力，跋涉千山萬水時，使得他們疲勞不堪。沈從文在小說中，經常讓旅店外的原始自然向黑貓呼喚。她每次打開窗，門外的原始人性使她醒悟自己放棄讓男人享受她美麗身體的權利：

> 黑貓今天特別醒得早，醒時把麻布蚊帳一掛，把床邊小小窗子推開，滿天的星子，滿院子蟲聲，冷冷的風吹來使人明白今天的天氣一定晴朗。蟲聲像爲露水所濕，星光也像濕的，天氣太美麗了。這時節，不知正有多少女人輕輕的唱著歌送他的情人出門越過竹林！不知有多少男子這時聽到雞叫，把那與他玩嬉過一夜的女人從山峒中送轉家去！又不知道有多少人在那分別時流淚賭咒！黑貓想起了這些，倒似乎奇怪自己起來了。別人作過的事她不是無份！別一個作店主婦的人都有權利在這時聽一點負心男子在床邊發的假誓，她卻不能做。別的婦人都有權利在這時從一個山峒中走出，讓男子脱下蓑衣代爲披上送轉家中，她也不能做。（《文集》，8：305）

她自己雇用的駝背助理，是代表舊道德和理性，在看守監視著她，禁止她響應野性的呼聲，步出「文明」的禁區。因此丈夫死了四年，「與男女事無關，與愛無份。」她忙碌的賺錢生活，把自己厤木起來。

但今天黎明時分星光下山峒中自然人的生活使她想起「平時不曾想到的男女事情。」雞叫時從走出山峒的男女使得她「一種突起的不端方的慾望，在心上長大」，儘管「此時的四個紙裔，就無一個像與她可以來流淚詛咒的」，「仍然是男子中還無一個她所要的男子」，因爲窗外不斷有野性的呼喚：

> 但奇怪的是今天這黑貓性情，無端的變了。
>
> 一種突起的不端方的慾望，在心上長大，黑貓開始來在這四個旅客中思索那可以親近的人了。她要的是一種力，一種圓滿健全的、而帶有頑固的攻擊，一種蠢的變動，一種暴風暴雨後的休息。過去的那個已經安睡在地下的男子，所給她的好經驗，使她回憶到自己失去的權利，生出一種對平時矜持的反抗。她覺得應當抓定其中一個，不拘是誰，來完成自己的願心，在她身邊作一陣那頂撒野的行爲。她思索這樣事情時，似乎聽得有人上山的聲音了。(《文集》，8：306)

接著窗外狗叫聲又使她想男女過了纏綿的一夜的事：

> 聽到雞叫的聲音，聽到遠處水磨的嗚咽聲音，且聽到狗的聲音。狗叫是顯然已有人乘早涼上路了。在另一時，她這時自然應當下床了，如今卻想到狗叫也有時是爲追逐那無情客人而懷了憤恨的情形的，她懶懶的又把窗關上了。(《文集》，8：306)

在沈從文小說中，大自然的天氣，容易撩起人類的原始情慾。剛好這一天早上，是引姑娘上山睡覺的好天氣：

> 一個客人問駝子天氣怎麼樣。
>
> 「好天氣！這種天氣是引姑娘上山睡覺，比走長路還合適

的天氣!」(《文集》, 8: 307)

駝子也感受到天氣的影響力:「大約是天氣作的怪, 這個人, 今天也分外感到主人安分守寡不應當了。」(《文集》, 8: 308) 而客人之中, 聽到駝子挑逗性慾的語言, 加上看見黑貓「苗條身段」, 「一對脹起的奶」, 於是「起了無害於事的想頭」, 開始向黑貓試探, 她的反應也出乎意料的:

> 「老闆娘, 你晚來睡得好!」
>
> 她說, 「好呀, 我是無晚上不好!」
>
> 「你若是有老闆在一處, 那就更好。」
>
> 黑貓在平時, 聽到這種話, 顏色是立刻就會變成嚴肅的。如今卻斜睨這說笑話的客人笑。她估量這客人的那一對強健臂膊, 她估他的肩、腰以及大腿, 最後又望到這客人的那個鼻子, 這鼻子又長又大。(《文集》, 8: 308)

黑貓看水缸的水不多, 準備去擔水, 她問駝子「怎麼野狗又多起來了。」把水缸注滿水和野狗出現都是象徵性的語言。所以黑貓出門去擔水不久, 大鼻客人含著煙桿, 跟了出去。他們在河邊逗留很久才回到旅店裡。大家也不太肯定發生什麼事。八個月後, 店中多了一個小黑貓, 但是外面的人都說這是駝子的兒子, 他們都不明白爲什麼黑貓會喜歡駝子。沈從文讓黑貓與大鼻子客人一起走出旅店, 前往汲水的河邊野合, 而且是在天大亮之前, 這是回歸大自然, 嘗試恢復自然原始人的一種努力。傑克倫敦的家狗, 聽從野性的呼聲, 回返自然。黑貓看見野狗出現後, 自己也回返自然之道。

在沈從文其他小說中, 回歸山洞, 等於人類恢復自然的情慾與感性, 進入自我的自然原始人性中。〈三個男人和一個女人〉(1930)、〈醫生〉(1931) 描寫一個年輕人, 自己心愛的女子由於不滿父母安排的婚姻而自殺後，把她帶到山洞裡，根據傳說中吞金自殺身亡的女子，死後得到男人的擁抱，可以復活過來的方法，去搶救心愛的女子，這種原始純眞的愛情，沈從文都讓它在原始的山洞中發生。〈月下小景〉(1932) 的男女，爲了反叛「女人同第一男子戀愛，卻只許同第二個男子結婚」的舊習俗，相約到一古碉堡裡吞毒藥自殺。另外在〈阿黑小史〉(1928)，〈媚金·豹子與那羊〉(1929) 中，男女情人約會地點都是在山洞裡。在山洞外，人類純眞美麗的愛都被文明習俗破壞了，因此年輕的愛人需要回歸原始山洞裡尋找。⑬

關於大自然喚醒人類自然情慾的描寫，像〈夫婦〉，就因山谷裡遇上好天氣，加上鳥語花香之刺激，新婚夫婦二人便在稻草上做愛。〈雨後〉(1928) 中有文化背景的阿姐，在春雨過後，野花盛開，蕨草肥壯時，禁不住想起自己的自然生命，最終才被充滿精力的代表原始文化的四狗（鄉下男子）所征服，在野地做愛。⑭

五、恢復性慾本能，才能拯救文明於頹廢

文明腐爛、文明生病的主題亦表現在從世紀末到二十世紀上半期的西方文學作品中。英國勞倫斯（D.H.Lawrence，1885－1930）的小說《查泰萊夫人的情人》（Lady Chatterley's Lover，1928）便以查泰萊先生的性無能來諷刺英國上層社會的沒落，而以園丁象徵生命力。在西方世紀末思潮中從佛洛伊德的心理學到五四的同代人並訪問過中國的作家如羅素（Bertrand Russell，1872－1970）、蕭伯納（George Bernard Shaw，1856－1950），他們都認爲唯有發揚本能，才能拯救文明於衰頹，而本能常常便以性慾爲象徵。⑮

作者透過駝子的口，故意把性慾衰退的現象說給四個客人聽，當然也是說給女主人黑貓聽的：

「如今是變了，一切不及以前好，近來的人成天早早起來做事。從前二十年，年輕人的事是不少，起來的也更早，但作的事情卻是從他相好的被裡爬出回家，或是送女人回家。他們分了手，各在山坡上站立，霧大對面不見人，還可以用口打哨唱歌。如今是完了，女人也很少情濃心乾淨的女人了。」(《文集》，8：307)

黑貓與大鼻子沉睡的性慾終於醒過來。小說前面寫沈睡，後半寫黎明前，黑貓與駝子先醒來。「黑貓今天特別醒得早」，醒後把窗子推開，接著駝子把燈點燃，拿到客人房中去，於是客人便也醒了。在小說中，駝子自己不行，他卻為男女事情之衰落而惋惜。「如今變了，一切不及以前好。」

可是黑貓就只敢回去大自然，讓自然原始的人性發洩一次，最終敵不過流言，八個月小黑貓出世後，她要駝子做了孩子的爸爸。

駝子是「又都不濟」的人，而出身城市的大鼻子卻得急病死了。他們都是文明生病的象徵，旅店便是文明沒落與種族退化的中國之縮影。

六、世紀末思潮下產生的頹廢小說

1928年勞倫斯用查泰萊家族象徵文明衰退時，這種世紀末思潮下產生的頹廢小說（the decadent narrative）已流行很久。沈從文發表於1929年的〈旅店〉，很顯然的，也是屬於這種頹廢小說。在三十年代，這種小說在中國很流行，巴金的《家》(1993)、老舍的《駱駝祥子》（1937)，都被列為這種類型的小說，它們都比〈旅店〉遲完成。⑯

西方文藝界與世紀末文明沒落理論相呼應的「頽廢」(decadence) 風，在藝術手法上，反對客觀的寫實，反對模仿自然，把藝術從客觀的模仿轉移到主觀的、唯美的、純構造、純形式，甚至扭曲變形、荒謬不倫的領域裡。所以頽廢唯美派是二十世紀現代主義的先河。⑰沈從文的小說創作理論架構裡，特別強調小說要寫夢象，捕捉超現實的感覺，探索潛意識的深處。⑱在語言文字上，他敢作各種大膽的試驗，譬如他把創作看作是「情緒的體操」，要求「扭曲文字試驗它的韌性，重摔文字試驗它的硬性」。(《文集》, 11: 327)

頽廢風的作家十九世紀末的波特萊爾 (Charles Baudelaire, 1821 - 1867)，喜歡用奇詭不然的象徵，表達病態的悲觀絕望情緒，因此成爲「世紀末」象徵主義的先驅。⑲在〈旅店〉中，黑貓的性慾產生時，心理表現的非常變態，沈從文也運用不自然的奇詭象徵來表現：⑳

> 一種突起的不端方的慾望，在心上長大，黑貓開始來在這四個客人身上思索那可以親近的人了。她要的是一種力，一種圓滿健全的、而帶有頑固的攻擊，一種蠢的變動，一種暴風暴雨後的休息。(《文集》, 8: 306)

黑貓性慾發作時，比一般女人更激情，譬如下面這一段：

> 黑貓望到這大鼻子客人，眞有一口咬下這鼻頭的潛意識在，所以自己用手揣到自己的奶，把身子搖擺，想同客人說兩句話。(《文集》, 8: 308)

等到客人走出睡房，黑貓居然有貓的行爲：「她只伏到床上去嗅，像一個裝醉的人作的事。」她去嗅大鼻子睡過的床上留下的男人味。小說中幾次出現的「又長又大的鼻子」，在黑貓的眼中與心裡，應是想入非非的東西：

> 她估量這客人的那一對強健臂膊，她估他的肩、腰以及大腿，最後又望到這客人的那個鼻子，這鼻子又長又大。(《文集》，8：308)

注釋

① 關於「世紀末」思潮，請參考：Holbrook Jackson，*The Eighteen Nineties: A Review of Art and Ideas at the Close of the Nineteen Nineties* (Hassocks: Harvester Press，1976) William Gaunt，*The Aesthetic Adventure* (London: Penguin 1957)；孫隆基的定義比較代表中國人對「世紀末」的認識。見孫隆基〈「世紀末」的魯迅〉《二十一世紀》第12期（1992年8月），頁92－106。

② 孫隆基〈世紀末思潮——前無去路的理想主義〉《二十一世紀》第27期（1995年2月），頁31－42。

③ 孫隆基〈「世紀末」的魯迅〉，《二十一世紀》第12期（1992年8月），頁92－106。

④ 岩佐昌暲〈對馮至詩《蛇》的一種看法〉，《中國文化研究》（北京語言學院）第三期（1994春之卷），頁141－145。

⑤ 《沈從文文集》第8卷（香港：三聯書店，1984），頁302－310，本文以後引述，為省略起見，簡稱《文集》。這篇小說收入《文集》時，有好幾處經過刪改，讀者可以比較原文未刪改的版本，見趙園主編《沈從文名作欣賞》（北京：中國和平出版社，1993），頁71－82。

⑥ 請參考 Jeffrey Kinkley，*The Odyssey of Shen Congwen* (Stanford: Stanford University Press，1987)，pp. 131，187，215－19；吳立昌《沈從文——建築人性神廟》（上海：復旦大學出版社，1991），頁184－229。

⑦ 魯迅〈《吶喊》序〉《魯迅全集》（北京：人民文學出版社，1981，十六卷本），卷一，頁419。

⑧ 關於結構與解構的基本理論原文，這裡不必列出，中文論述著作中，張隆溪《二十世紀西方文論述評》中介紹文字，深入淺出，容易明白，見頁110－171。

⑨ 我在〈從沈從文的「都市文明」到林燿德的「終端機文化」〉與〈都市詩學：從羅門到林燿德〉兩篇論文中，有所討論。前者見《當代台灣都市文學研討會》（1994年台北，論文集在出版中），後者發表於《羅門作品研討會》（1995年5月台北）。

⑩ 同前注②，頁32。

⑪ 參考王玲珍〈沈從文與哈代〉見《中外文學因緣》，錢林森編（南京：南京大學出版社，1989），頁310－330。

⑫ 中譯本有許多種，如蔣天佐譯《荒野的呼喚》（北京：三聯，1950），劉大杰譯《野性的呼喚》（北京：國際文化服務社，1953）。

⑬ 我在〈每種花都包含著回憶與聯想：沈從文小說中的野花解讀〉（新加坡國立大學中文系單篇論文第106種）那篇文章中，有所討論。

⑭ 較詳細的討論，見同注⑬。

⑮ 見同注②，頁35；見同注③，頁95。

⑯ 見同注②及③。

⑰ 見同注②，頁32－33。

⑱ 我在〈沈從文小說創作的理論架構〉一文中有所分析。

⑲ 世紀末的文學影響，在五四時代作家中，魯迅的《野草》散文詩最爲明顯，見孫玉石《野草研究》（北京：中國社會科學出版社，1982），頁198－231。

⑳ 《沈從文文集》中這段文字被刪改過，成爲「黑貓望到這大鼻子客人，眞有一種說不分明潛意識在，所以手揣到自己的懷裡把身子搖擺著，想同客人說兩句話。」本文引文引自趙園主編《沈從文名作欣賞》，同注⑤。

10.

沈從文〈菜園〉中的白色恐怖

一、政治刪改破壞〈菜園〉的複雜意義與其藝術結構

沈從文的〈菜園〉發表於1929年10月出版的《小說月報》第二卷第10號上，一直到了1936年才收集在小說集《新與舊》裡。①1957年出版的《沈從文小說選集》收入這篇小說，曾加以刪改，以後在各種選集與文集中，如比較重要又普遍出現的《沈從文小說選》、《沈從文文集》都是根據1957年《沈從文小說選集》的刪改版本。②

1957年出版的《沈從文小說選集》是自1949年沈從文因「反動作家」的罪名被否定後唯一出版的作品。③凌宇用下面這段含蓄的文字來說明它的出版經過：

> 1957年2月，毛澤東在最高國務院會議第十次擴大會議上，發表了〈關於正確處理人民內部矛盾〉的講話，正式提出了「百花齊放，百家爭鳴」的繁榮和發展文藝藝術的方針……
>
> 一本由人民文學出版社組織編選的計29萬餘字的《沈從文小說選集》的書稿，送到了沈從文的手中……④

這篇選集，共收 22 篇小說，大多數篇末都有注明1957年「校正」、「改字句」或「重校」，這些字句絕不是糾正錯別字或句子潤飾，而是爲了符合中共文藝政策之需要而作的政治刪改。這本1957年的《沈從文小說選集》是目前各種被政治思想修改過的版本的主要源頭，〈菜園〉便是其中一篇。雖然沈從文還爲這本選集寫了一篇〈選集題記〉，所選與改動的字句，並不代表他的意願，更不是他親手所選所改，因此沈從文在題記中暗地隱藏著這一句話：「習作中文字風格比較突出，涉及青年男女戀愛抒情事件，過去一時給讀者留下印象的，怕對現在讀者無益有害，大都沒有選入。」⑤理由很簡單，人民文學出版社組織編選與修改的能不接受嗎？⑥

如果我們小心把 1957 年《沈從文小說選集》裡被刪改過的〈菜園〉與最早發表在《小說月報》與收集在《新與舊》中的原版小說比較，我們會很驚訝的發現，雖然改動的字句不多，如下面這二處被刪改過的，都具有「動一髮而牽全身」之影響力。〈菜園〉裡玉家兒子玉少琛的死因，在原版小說裡只說明是「政府要緝捕的人」：

> ……三天後大街上貼了告示，才使她同本城人同時知道兒子是政府要緝捕的人……⑦

「1957 年校正字句」之後，變成

> ……三天後大街上和城門邊才貼出告示，才使她同本城人同時知道兒子原來是共產黨……⑧

從「政府要緝捕的人」變成「共產黨」，〈菜園〉中的白色便完全變成紅色，使沈從文成爲不折不扣的反國民黨的左派作家，更何況這「1957年校正字句」本中，還多加了下面的政治文字，在1957年以前的版本是沒有的。在「在這三年中」到「與雞雛玩」

原是完整的一段，可是1957年後，在「與雞雛玩」的逗點之後增加了下面的四十九個字：

> 一面讀從北京所寄來的書報雜誌。母親雖然五十多歲，一切書報搧起二十歲青年學生的種種，母親有時也不免有些幻夢。⑨

接著又增加了二大段：

> 地方一切新的變故甚多，隨同革命、北伐，……於是許多壯年都在這個過程中，死到野外，無人收屍而爛去了，也成長了一些英雄和志士先烈，也培養了許多新官舊官。……於是地方的黨部工會成立了，……於是「馬日事變」年輕人殺死了，工會解散黨部換了人，於是從報章上消息，知道北京改成了北平。
>
> 地方改了北平，北方已平定，彷彿眞命天子出世，天下就快太平了。在北平地方的兒子，還是常常有信來，寄書報則稍稍少了一點。⑩

〈菜園〉中其他地方較輕微的修改，都是爲了政治意義之發揮。譬如在「太爺過世十八年」之後，原是「不單是天下變得不同」，修訂後，兩句之間增加了「民國反正十五年，天下變得不同」，⑪把含糊不清的年代，指定成民國十五年，這樣便可以把少琛三年後被地方政府害死的事件，說是暴露國民黨反動派對共產黨人血腥屠殺的罪行。王繼志說：⑫

> 小說以1927年前後中國革命處於低潮時期爲背景，反映的是黑暗的反動勢力殘殺革命者的血腥事實……

沈從文有一篇小說題名〈新與舊〉(1930)，描寫二位青年老師被軍部捉去斬首示衆，原版小說只說「軍部玩新花樣處決兩個不法之徒」，1957年修訂本中變成「當地軍部玩新花樣，處決兩個共產黨」。⑬因此王繼志便這樣去解讀：

> 〈新與舊〉同〈菜園〉一樣，暴露的也是國民黨反動派對共產黨人血腥屠殺的罪行……⑭

〈菜園〉中原本有少琛去北京前夕，母親送一罈酒給工人，「八個工人喝著酒時，都很快樂。」這一句在修訂本中卻被刪掉。其目的，似乎怕損害工人偉大純樸的形象。難道工人為少琛去北京讀書而快樂，也算是犯罪？

〈菜園〉寫從北京前來鄉下隱居的玉家，種白菜為生，通篇白色的景物特別多，如白雪、白菜、白雞、白牆、白衣，連兒子的心也「潔白如鴿子毛」，可是人民文學出版社的編輯偏偏要塗上一些紅色的彩色，因此作品要表現的白色恐怖的主題，便成為意義狹窄，為政治服務的一篇小說。

像這篇為政治思想而刪改過的小說，一般編者都毫不覺察其嚴重性，反而當作最後訂正稿，收入沈從文的文集中。目前市面上重要的沈從文集子，如《沈從文文集》、《沈從文小說選》，甚至英譯本《邊城及其小說》，⑮只要有被刪改過的，編者必然採用修訂本的小說。我們自然可以想像出，當學者根據這樣版本的分析，所得出的結論會跟沈從文1957年前版本的小說精神或主題意義有極大的不同。在大陸的沈從文研究權威，如凌宇、王繼志，他們對沈從文小說的分析，很多是根據1957年政治刪改本的小說，因此在結論裡，我們發現政治色彩比原來的小說濃厚多了。⑯〈菜園〉加上「共產黨」三個字及一段有關革命、北伐的現代史的概述，因此凌宇說像〈菜園〉這類小說，是「對國民黨的反動統治」的「批判與否定」。⑰

經過具有預設的政治立場與思想刪改，整篇小說的內涵便起了政治意義上的變化，這樣沈從文作品的完整性與多面性就大大被破壞了。而自1980年代在大陸開始研究沈從文的學者，不少研究也是朝向爲沈從文的作品塑造爲官方文藝政策接受的「新形象」，1990年代以來，就如凌宇坦白承認，這樣做無疑破壞了沈從文的文學藝術，因爲「由於太過急於從政治上爲沈先生辯白，結果反而忽視了作品更深一層的意蘊」。⑱

二、白菜與知識：玉家的田園樂趣與死亡災難

〈菜園〉敍述玉家母子在一縣城相依爲命，自耕自食。玉家菜園的白菜種籽是當年從北京帶來的，北京白菜素來著名，加上一年四季城裡的人都有大白菜吃，玉家廿畝的菜園在本縣遂成爲人人皆知的地方。玉家原是旗人，辛亥革命以前，玉太爺被派來邊地做官。他死後不久，革命軍推翻了清室，滿人勢力完全喪失，玉太太與玉少琛就像當時各地流落異鄉的旗人，貧窮無靠，被迫以種菜賣菜爲生，玉家就因種白菜救了一家人的災難。

母親五十歲，有教養，到了縣城，能自食其力，是一位「富有林下風度的中年婦人」。兒子玉少琛二十一歲，雖然種菜，在家中讀書寫詩，知書識禮，還有點世家風範。由於善於經營菜園，漸漸成爲小康之家。母子經常在菜園水溪邊吟詩作樂，不過鄉紳們因切齒過去旗人在滿清王朝時的統治行爲，極看不起他家，因此少同他們來往。母子倒跟雇用的工人成爲好友。

玉少琛二十二歲那年，開始嚮往都市文明新的生活。他生日那天，大雪剛過，園中一片白茫茫，白菜如小雪人，成隊成排站在雪中，而已經摘下還未落窖的白菜，如小丘堆積在園中，被白雪蓋滿，正像一座座大墳。母子喝了些酒，兒子終於說出去北京大學讀書的心願。雖然媽媽知道世界天天在變，令她覺得可怕，也明白知識有時是災難，她還是讓他去了。少琛在北京三年，常

寄書報雜誌給母親閱讀，後來還帶回來一位美麗的媳婦，二人都喜歡種菊花，還親自動手栽培接枝。

玉少琛與媳婦從北京回來菜園後，縣城裡的鄉紳們的兒子開始與他來往，縣城教育局也請他去開會，於是兒子「把生活插到社會中去」。突然有一天兒子媳婦在菜園勞作時，縣裡有人把他們兩人請去談一談，到了第二天，「兒子同媳婦，已與三個因其他緣故而得著同樣災難的青年人，陳屍到教場的一隅了」。第三天，幾個粗手腳漢子把五個屍身抬到郊外荒地埋在一個大坑裡。又過三天後，大街上貼了告示，母親才明白「兒子是政府要緝捕的人」。

少琛夫婦被殺的那個秋天，他們種下的菊花開遍菜園，玉家菜園變成了玉家花園，因爲「地方紳士和新貴」把菜園「強借作宴客的地方了」：

> 玉家菜園從此簡直成了玉家花園。內戰不興，天下太平，到秋天來地方有勢力的紳士在園中宴客，吃的是園中所出產的素菜，喝著好酒，同賞菊花。因爲賞菊，大家在興頭中必賦詩，有祝主人有功國家，多福多壽……有把本園主人寫作賣菜媼對於舊事加以感嘆的好詩……⑲

玉家菜園改稱玉家花園，是主人在兒子死去三年後的事。這婦人沈默寂寞的活了三年，到兒子生日那一天，天下大雪，她「忽然用一根絲絛套在頸子上，便縊死了。」（《文集》，6：271）

很顯然，在〈菜園〉中，沈從文一再表現小說中的重大主題：現代文明帶來災難。玉家老太爺本是北京滿清統治者的朝廷命官，被流放到小城候補（象徵回歸鄉村）。清朝被革命軍推翻後，又遭受流落異鄉，「貧窮窘迫，無以爲生」之苦。當地人「因切齒過去旗人的行爲，極看不起旗人」，不願跟他們來往。後來種白菜賣白菜的田園生活卻「救了一家人的災難」，帶來田園生活的歡樂。可是由於少琛想念著父親是一個手持「京八寸」的人物，舅父在宣統未出宮以前，還在宮中做小管事，如今還在北京開鋪子，賣冰與西洋點心。因想念北京的這位舅父（代表現代文明），他終於決定去北京大學讀書，結果帶回鄉村的不只是知識和美麗的媳婦，還有大災難。

白菜種籽與知識，都市與農村（菜園），在沈從文的驅魔文筆下，組合成意義複雜的一篇小說。

三、白衣、白臉、心地潔白、白菜、白雪、白牆：從淡泊的田園隱居生活到白色恐怖

當我細讀〈菜園〉，故事從「玉家菜園出白菜」開始，以「天落大雪……忽然用一根絲絛套在頸子上，便縊死了」結束，這使我醒悟這篇小說特別強調玉家及其菜園的白色：

㈠白菜：由於小說描寫流落鄉鎮的滿清官宦人家因種白菜賣白菜而逃過災難，並且能過著快樂的田園生活，白菜重複出現幾十次。

㈡玉太太：愛穿白色細麻衣裳。

㈢玉少琛：白臉身長，心地潔白如鴿子毛，愛穿白綢短衣褲。

㈣白雪：玉少琛二十二歲生日時，菜園一白無際。摘下的白菜堆積成丘，白雪蓋滿後像一座大墳。未摘的白菜如小雪人，成隊成排立在雪中。玉少琛死後三年，母親上吊自盡時天又落大雪。

㈤菜園的其他白色東西：白色的蘿蔔、白菜、白牆、白色的

雞群、白色的素馨蘭花、白色的茉莉花。

全篇小說只有六千字左右，卻出現那樣多白色的字彙與物體，我想絕不是偶然的巧合，而是藝術性的組合。

首先〈菜園〉中的白色，正如白菜、白色雞群、白圍牆，甚至包括白色細麻衣裳、白綢衣褲，都具有田園生活純樸無華的意義。母親逃過災難，賣白菜使她成爲小康之家，她自食其力，親手經營她的菜園，維持樸素無華的生活方式。在玉太太的教養下，兒子更是心地潔白如鴿子毛。母子雖屬知識階級，卻對小販與工人都有愛心。所以小說中的白色是用來呈現他們玉家從生活到道德的高尙。

玉家母子，雖出身官宦人家，到了這鄉鎭，以種菜爲生，開始埋名隱姓，過著淡泊的隱居生活。他們的生活及菜園景色都以白色爲代表，請讀描寫他們田園隱居生活的二段：

> 夏天薄暮，這個有教養又能自食其力的、富於林下風度的中年婦人，穿件白色細麻布舊式衣服，拿把蒲扇，樸素不華的在菜園外小溪邊站立納涼。侍立在身邊的是穿白綢短衣褲的年輕男子。兩人常常沈默著半天不說話，聽柳上晚蟬拖長了聲音飛去，或者聽溪水聲音。溪水繞菜園折向東去，水清見底，常有小蝦小魚，魚小到除了看玩就無用處。那時節，魚大致也在休息了。
>
> 動風時，晚風中混有素馨蘭花香茉莉花香。菜園中原有不少花木的，在微風中掠鬢，向天空柳枝空處數點初現的星，做母親的想著古人的詩歌，可想不起誰曾寫下形容晚天如落霞孤鶩一類好詩句，又總覺得有人寫過這樣恰如其境的好詩，便笑著問那個兒子，是不是能在這樣情境中想出兩句好詩。(《文集》，6：262)

母親特別推崇謝靈運與王維，二位古代田園歸隱詩人。

可是小說中有二次下大雪，整個菜園都被大雪掩埋了。一次是少琛二十二歲生日，正要離開鄉下去北京讀書，另一次是兒子被殺三年後，母親上吊自殺那一天。前後二場大雪，就像第一次的景象，有不吉祥的預兆：

> 二十二歲的生日，作母親的為兒子備了一桌特別酒席，到晚來兩人對坐飲酒。窗外就是菜園，時正十二月，大雪剛過，園中一片白。已經摘下還未落窖的白菜，全成堆的在園中，白雪蓋滿，正像一座座大墳。還有尚未收取的菜，如小雪人，成隊成排站立雪中。(《文集》，6：265)

穿插在整篇小說中的二次大雪，不但給令人嚮往的美麗的田園景色與快樂的隱居生活帶來不調和的恐怖景色，同時也給小說帶來另一個主題：白色的恐怖。

四、玉家菜園變成玉家花園：白色恐怖

辛亥革命推翻滿清政權時，父親玉琛（玉太爺）剛好逝世不久，因此玉家母子才倖免遭殺身之禍，但也遭到流落異鄉偏僻城鄉之苦難。父親「當年來這小城時帶了家眷也帶了白菜種籽」，北京白菜素來有名，因此母子無以為生之際，自食其力的種白菜賣白菜，因禍得福，漸漸成為小康之家，當地人人四季皆依賴玉家廿畝菜園，才有白菜吃。「玉家卻在無意中得白菜救了一家人的災難。」

儘管玉家母子自食其力，知書識禮，有世家風範，還以菜園著名，本地新興紳士階級，因切齒過去旗人的行為，極看不起旗人：

> 彷彿因為種族不同，很少同人往來的玉家母子，由旁人看

來，除知道這家人賣菜有錢以外，其餘一概茫然。（《文集》，6：262）

玉太太知道自己能逃過政治屠殺與種族迫害的災難已算幸運，因此只求埋名隱姓，隱居鄉村，想不到兒子在二十二歲時居然想起曾在滿清朝廷當官的舅父，想去北京讀書。母親一再用這些話勸兒子打消念頭：

我們這人家還讀什麼書？世界天天變，我眞怕。

……只是書，不讀也不什麼要緊。做人不一定要多少書本知識。像我們這種人，知識多，也是災難。（《文集》，6：266）

可是兒子去了北京大學三年，變成本地一件大事。他還時常寄書報雜誌給母親閱讀。

三年後少琛回到鄉下，從北京帶回來一位美麗的媳婦，但也帶回來殺身之禍。年輕夫婦既有知識，又肯下田勞動，引起本地青年的傾慕。不久後，一天當他們正在菜園親自動手種菊花，忽然縣裡有人請夫婦二人去談話，從此一去便沒有回來：

一面同母親說北平栽培菊花的，如何使用他種蒿草幹本接枝，開花如斗的事情，一面便同蹲在面前美麗到任何時見及皆不免出驚的夫人用目光作無言的愛撫。忽然縣裡有人來說，有點事情，請兩個年輕人去談一談。來人連洗手的暇裕也沒有留給主人，把一對年輕人就「請」去了。從此一去，便不再回家了。

第二天，作母親的已病倒在床，原來兒子同媳婦，已與三個因其他緣故而得著同樣災難的青年人，陳屍到教場的一隅了。

第三天，由一些粗手腳漢子爲把那五個屍身一起抬到郊外荒地，拋在業已在早一天掘就因夜雨積有泥水的大坑裡，胡亂加上一點土，略不回顧的扛了繩扛到衙門去領賞，盡其慢慢腐爛去了。

做母親的爲這種意外不幸暈去數次，卻並沒有死去。兒子雖如此死了，辦理善後，罰款，具結，她還有許多事得做。三天後大街上貼了告示，才使她同本城人同時知道兒子是政府要緝捕的人，彷彿還虧得衙門中人因爲想到要白菜吃，才沒有把菜園充公。這樣打量著而苦笑的老年人，不應當就死去，還得經營菜園才行，她於是仍然賣菜，活下來了。⑳

少琛夫婦死後，他們親手種植的菊花在秋天裡盛開了。從此每到秋天，本地紳士和新貴強借菜園作宴客玩樂的地方：因爲這時「內戰不興，天下太平」，有勢力的紳士在園中喝酒賞花，而且還賦詩作樂。三年後，女主人自縊，玉家菜園終於改稱玉家花園。

當我們讀到最後幾段有關本地有勢力的鄉紳新貴占用菜園作花園，女主人自殺，小說中原來象徵純樸的田園隱居的淡泊生活的白色，突然變成象徵白色的恐怖。少琛離鄉去北京那天，窗外所見成堆的白菜如大墳，早就孕育著這個悲劇了。這個地方的鄉紳新貴，第一次出現時，已對這曾以血腥屠殺統治中國的滿洲旗人，表現出種族仇恨。但是作者還是讓他們隱藏起醜陋的臉孔，而且當少琛帶著媳婦從北京回到菜園，這些紳士還給人一些幻想，雖然他們仍不與玉家打交道，他們的兒子，還有本地教育局開始對少琛夫婦發生興趣：

兒子回家的消息不久就傳遍了本城，美麗的媳婦不久也就爲本城人全知道了。因爲地方小，從北京方面回來的人不多，雖然紳士們的過從仍然缺少，但漸漸有紳士們的兒子到玉家菜園中的事了。還有本地教育局，在一次集會中，也把這家從北平回來的男子與媳婦請去開會了。還有那種對未來有所傾心的年輕人，從別的事情上知道了玉家兒子的姓名，因爲一種傾慕，特邀集了三五同好來奉訪了。（《文集》，6：268－69）

實際上，當本地人開始「注意」、「傾慕」、「企羨」玉家時，當母親開始做「極其合理的祖母的幻想」時，以前母親所擔憂的事（「知識多，也是災難」，「世界天天變，我眞怕」），就突然發生了。

當少琛夫婦被殘酷殺害，陳屍教場的一角，然後又被粗手粗腳的漢子抬到郊外荒地，隨便葬在大水坑裡，地方的紳士新貴化身爲「縣裡」與「衙裡」：

忽然縣裡有人來說，有點事情，請兩個年輕人去談一談。來人連洗手的暇裕也沒有留給主人，把一對年輕人就「請」去了。從此一去，便不再回家了。（《文集》，6：269）

第三天，由一些粗手腳漢子爲把五個屍身一起抬到郊外荒地……略不回顧的扛了繩扛到衙門去領賞……（《文集》，6：270）

兒子和媳婦被殺害後，母親還要被「罰款、具結」及還有「許多事」要辦。又三天後，她同本城的人才知道兒子是「政府要緝捕的人，彷彿還虧得衙門中人因爲想到要白菜吃，才沒有把菜園充公」。等殺人事件過去後，地方紳士新貴又開始出現。這次他們把玉家菜園占爲己有，充作賞花喝酒宴客作樂的好地方。

小說中下令殺害年輕人的人共出現過五次，其先後稱呼是「本地新興紳士階級」，「紳士們」，「地方紳士和新貴」，「地方有勢力的紳士」。他們其實就是所謂「教育局」、「縣裡」、「衙門」,「政府」的化身。沈從文所以含糊其辭的稱呼這些劊子手，因為這種野蠻血腥的殘殺不單純是政敵的鬥爭下的殘殺，也包括當權者都習以為常的以欺壓、劫掠與屠殺作為統治與管理手段。現代文明進入鄉鎮時，官府人員，鄉紳新貴，及其他有勢力者，都會亂用權力、虛偽、公報私仇、剝削、搶劫等手段。沈從文所以用廣泛的稱謂，因為只有這樣才能把政權、軍閥、土豪劣紳包括進去。在〈新與舊〉中被胡亂殺害教師夫婦的罪名，也是含糊的稱為「處決兩個所謂不法之徒」。少琛夫婦的罪狀因此只是「政府要緝捕的人」。如果像1957年修改本中把他們都指定為「共產黨」，那只是一場國民黨與共產黨之間的政治殺害，如果青年教師夫婦或少琛夫婦曾涉及共產黨組織活動，那麼小說中的悲劇性、主題意義就不會像原作那樣深廣而經得起時代與時間之考驗了。

兒子死去三年，母親自殺身亡，那天也正好是兒子生日，就像去北京前的那天，大雪把菜園掩埋了。這白茫茫的雪，正是白色恐怖的象徵。玉家前後經歷兩次白色恐怖的災難，所以沈從文也只讓大雪出現兩次。從種白菜到種菊花，象徵著玉家從自耕自食的田園生活進入了更與世無爭的隱居山林的決心。可是他們還是逃不了當權者的殺害。

五、「世界天天變，我真怕」: 現代文明侵入並毀滅了小城鎮

少琛被地方鄉紳新貴殺死，只是逐漸毀滅世外桃源一般的生活與世界的許多事件之一，所以政治上的白色恐怖，不是毀滅菜園（一個象徵和平靜穆的鄉村中國）的唯一因素。眞正毀滅的,

應該是現代文明、天災人禍和貧窮變亂。

沈從文自己特別肯定描寫被現代文明毀滅的鄉村小說，他這種從區域文化的角度來窺視和再現鄉村中國的生活方式及鄉下的靈魂的小說觀，使他認爲從魯迅的〈故鄉〉（1921）、〈社戲〉（1922）開始，再經過王魯彥、許欽文、羅黑芷、廢名到他自己，建立了描寫被現代物質文明毀滅鄉村的小說。他說魯迅是「以被都市物質文明毀滅的中國中部城鎮鄉村人物作模範。」（〈論馮文炳〉《文集》，11：107）他也特別喜歡魯迅這種主題：「中國農村是在逐漸情形中崩潰了，毀滅了，爲長期的混亂，爲土匪騷擾，爲新的物質所侵入。」（〈論中國創作小說〉《文集》，11：173）沈從文還特地指出他和廢名（馮文炳）相同之處，兩人都寫出「農村所保持的和平靜穆，在天災人禍貧窮變亂中，慢慢地也全毀去了。」（〈論馮文炳〉《文集》，11：101）玉家之悲劇就是象徵鄉鎮的和平靜穆在人禍中被毀去。㉑

沈從文眼中魯迅及其同代人鄉土小說的特點，也很適合用來解讀〈菜園〉中的悲劇結構。玉家原是旗人，中國的少數民族，只因滿淸王朝之建立，入關當統治者。玉太爺也是朝廷命官，後來「帶了家眷也帶了白菜種籽」來這小鄉城候補，這象徵玉家要重回自然的決心。像玉太爺帶來白菜種籽，兒子少琛從北京帶回來菊花，這也是象徵回歸田園，甚至隱居的決心。可是少琛始終忘不了他們家的都市文明的背景，想起北京還有當年在宮廷當官的三舅父，目前在北京開鋪子賣西洋點心，生意不惡，因而產生對都市文明的美麗幻想。母親因爲經過旗人政權被推翻後的大劫大難，心裡永不忘記「世界天天變」。她也坦白的告訴兒子，現代都市文明的可怕：「知識多，也是災難！」兒子還是被都市文明幻想騙去了北京。

小說中特別透過母親的眼睛，發現少琛從北京回來，雖然多了知識，「往日的好處完全還保留在身上」，這是由於她平日的陶冶，因此人生美德與品性始終沒有被都市的物質文明改變。可是菜園所在的這個鄉村小城鎮，卻大大改變了。所謂新興的鄉紳新貴，隨著現代地方政府制度的建立（如教育局、衙門、縣政府），掌握了權勢與金錢，變成罪大惡極，既虛偽又胡作非爲的一群，他們代表了所謂現代文明。沈從文的許多小說中的鄉鎮，自然原始理想的鄉村與生活，就是被這些鄉紳新貴所毀滅掉。〈夫婦〉（1929）中的現代文明就是保護鄉村安寧的團衛那些新貴，他們亂用權力，公報私仇，破壞了原始的人性與自然的生活方式。〈七個野人和最後一個迎春節〉（1929）中強行設立官府的政府官員，假借建立現代制度之美名，取締苗族舊宗法、制度與陋俗爲口號，消滅了苗族野蠻血腥的原始文化。〈菜園〉中的「政府」或「鄉紳新貴」，〈夫婦〉裡的團衛，〈七個野人和最後一個迎春節〉裡的官府人員，既是現代文明，也是土匪，他們所作所爲，就是「天災人禍」、「混亂」，最後毀滅了鄉村中國，而〈菜園〉中的菜園就是一個典型的小小的鄉村中國。㉒

沈從文還透過許多現代文明的弊病來呈現菜園是爲現代文明所毀滅。玉家由於有菜園廿畝，另請工人種菜，賣菜的收入不少，漸漸成爲「小康之家」。家庭經濟的改變，才使少琛敢把心中對都市的幻想講出口。當然父親手持「京八寸」的做官模樣，也是使他嚮往文明人的原因。這個小城的現代文明早在清朝已逐漸從都市傳過來，父親就是其中一人，因此目前「本地新興」階級，已根深柢固。他們以金錢社會地位來衡量一個家庭，由於少琛是「賣菜佣兒子」，加上對旗人的種種歧視，他們很少跟玉家來往。這小城的工人，也講究時髦與物質享受，「到如今，連做工的人也買美麗牌，不用火鐮同煙桿了。」少琛離家時，母親要他送一罈酒給菜園的工人。「八個工人喝著酒時，都很快樂。」㉓也許人民文學出版社的編輯怕會影響工人的美好形象，這一句在1957年修改時被刪掉。

由於〈菜園〉的敘述角度是以鄉村中國的視野來審查被都市文明侵入後小城小鎮的毀滅，作者一開始就透過玉太太的眼睛指出都市人的荒謬：

> 這城中也如別的城市一樣，城中所住蠢人比聰明人多十來倍，所以竟有那種人，說出非常簡陋的話，說是每一株白菜，皆經主人的手撫手摸，所以才能夠如此肥茁。（《文集》，6：263－64）

接著便是描寫城市人的虛偽與病態，喪失人性地殺害了五個青年人。最後又寫他們強占菜園作花園，他們道德敗壞，生活腐敗，把快樂建在老百姓的痛苦上，天天在玉家花園飲酒賞花尋樂。這些不可思議的荒謬事情，便是玉太太經常感到恐懼的。她所害怕的「世界天天變」，「二十年來在本地住下的經過人事變遷」，就是小城鎮在現代都市商業、政治文明包圍與侵襲下，迅速發生的一切，包括道德的敗壞，政治鬥爭等慘無人道的災難。

六、大自然的靈藥救不了都市人的現代文明病：玉家母子媳婦之死亡

上面的討論，我們看見玉太太經常用鄉村中國的眼光來看現代文明。她住在一個小城的郊外菜園，在她眼中，一年四季要吃玉家白菜的城裡人是荒謬怪誕，完全受現代文明的污染。她之所以自殺，是因爲她以鄉下人的眼光看見城裡人生的荒謬性與社會病態現象，以致深感絕望。

其實玉家原來就是都市人。先是罪孽滿身的玉太爺，從北京前來這個小城候補。他的到來代表滿清政權鎮壓鄉下人。清朝滅亡後，玉太太利用北京帶來的白菜種籽種菜，這表示要回歸自然，過著田園素樸的生活。她的兒子少琛二十二歲那年，又禁不住都市文明的誘惑，堅持要到北京讀書，後來還從北京帶回來一位美麗的媳婦。他們兩人愛種菊花，就如母親種白菜，都是決心回歸自然的人。可是他們就像沈從文小說中的都市人，在回返大自然的鄉村後，由於在都市所感染的「現代文明」病已太重，因此無法治療。玉家母子與媳婦三人，使我們想起〈三三〉(1931)那篇小說的白臉人。他患了第三期癆病，從老遠的城市前往苗區山彎堡子裡。那裡的人過著世外桃源的生活。他希望鄉村新鮮的空氣、雞蛋與蔬菜，能滋補身心，把病治好。他的到來，使年輕女孩三三及其母親，對都市產生美麗的夢幻。可是都市年輕人突然得狂病死了，整個村落的人開始對都市人感到驚恐。透過象徵性的語言，沈從文解剖了一個現象：鄉村人對都市文明的美麗夢幻開始破滅，而大自然的靈藥也救不了文明人的病。㉔所以最後沈從文安排少琛夫婦死在白色恐怖的槍下。玉太太也因對自己擺脫不了現代文明病態與荒謬文化之折磨，只好上吊自盡。

〈菜園〉中的菜園，地點在╳╳╳小城的郊外。1957年修訂本把╳╳╳指定為長沙，因為少琛去北京時，是「坐了省河小轎，到長沙坐車」，指明這小城的地理位置是在偏遠的地方。可見這個地方就如〈夫婦〉中的小鎮，已受到都市文明污染。璜生活在現代文明的壓力下，對生命產生空虛感，因此患上神經衰弱症。後來他回歸鄉鎮，想尋找自然的生命力來治療自己的病。可是在都市文明的侵染下，鄉鎮裡的人也逐漸失去原始美麗的人性。保護鄉村的團衛，都是些亂用權力、虛偽、荒謬的人。璜最終病也沒治好，失望的重返大都市。玉太太自殺，也是因爲發現都市文明侵入並毀滅了小城鎮，她再也沒有理想的鄉村可以逃亡了。所以小說以新興的鄉紳新貴霸占玉家花園，用作飲酒尋樂的場所而結束。

七、「三」字的魔術力量

沈從文在〈論技巧〉一篇文章中說，文學藝術同技巧不能分割，善於「安排作品」的作家，能使作品產生「魔力」，能使作品變成「炸藥」(《文集》, 12: 106-7)。在〈靜〉這篇小說中，沈從文巧妙的運用「三」這個數目字，把整篇作品緊緊連接起來，使人讀了六千字的小說後，對悲劇性的人物與事件產生揮之不去的陰影。

〈菜園〉中「三」作爲人的數目字，總帶有不祥的預兆。開始玉太爺前來小城候補，是一家三口，但不久太爺便死了，從此母子相依爲命，靠種白菜爲生，永遠流落異鄉。等兒子從北京讀完大學回來，多了一個媳婦，家中又恢復往日一家三口的歡樂。沒想到三個人先後都忽然逝世。玉太太有三哥在北京，曾在清朝宮廷當官，少琛就是想起這個三舅才決定去北京讀書，因此這個舅父也是不祥之人。當少琛夫婦無辜被殺害時，另三個年輕人也遭到同樣的災難。因此「三」這個數目字總與不測之災禍一起出現，使人閱讀小說時產生不安。

少琛最初提起去北京讀書的心願時，母子談話中出現「去看看你三舅」、「去三個月」與「三年」的時間數字。這些「三」字與上述的數目字聯繫起來時，又使人產生不安的感覺，它與母親的焦慮巧妙結合起來。接著在情節發展中，「時間過了三年」，「在這三年中，玉家花園還是玉家花園」，「三年來的母親還是同樣的」。這樣的三年不斷出現時，暗示著世界天天在變，但是玉家卻在恐懼中躲過災難，因此給人額手稱慶的感覺。可是三年剛過，少琛與媳婦回鄉不久，他們便被「縣裡」的人請去。三天後，他們的屍體被人胡亂葬在荒地裡，再過三天，縣裡出告示，宣布少琛夫婦與另三個年輕人是政府要緝捕的人。從「三年」變成「三天」，暗示玉家不管如何淸白，如何逃避天天在變的世界，災難終於降臨，而且是很突然的，無法預測的。

母親是個勇敢堅強的人，她又忍受了三年，才對這個世界感到絕望，用一把絲縧套在頸項上自縊而死。因爲這時候，當地有勢力的鄉紳在殺人搶劫的強盜行爲下，把「玉家菜園改成玉家花園」，在時間上正好「在兒子死去三年後」，也是母親在「沉默寂寞的活了三年」之後。

注釋

① 由上海良友圖書公司出版。

② 人民文學出版社《沈從文小說選集》（北京：人民文學出版社，1957）；凌宇編《沈從文小說選》二集（北京：人民文學出版社，1982）；邵華強、凌宇編《沈從文文集》共十二卷（廣州花城出版社，香港三聯書店聯合出版，1982－1984）。

③ 關於1949年後沈從文被批判的經過，參考凌宇《沈從文傳》（北京：北京十月文藝出版社，1988），頁418－425；吳立昌《沈從文：建築人性神廟》（上海：復旦大學，1991），頁39－42；王繼志《沈從文論》（南京：江蘇教育出版社，1992），頁73－79。其中最有影響力的批判，當是郭沫若的《斥反動文藝》，見邵華強編《沈從文研究資料》上集（廣州花城出版社，香港三聯書店，1982），頁200－206。

④ 凌宇《沈從文傳》，見前注③，頁 452。

⑤ 沈從文〈選集題記〉見《沈從文小說選集》，同注②，頁 5。

⑥ 關於沈從文作品的查禁與政治刪改，詳細討論見本書中前面〈從魯迅與沈從文作品的版本看中國現代小說版本的問題〉一文。

⑦ 我的引文取自《沈從文選集》(香港：文學出版社，1957)，頁162。

⑧ 引文取自《沈從文小說選集》，同注②，頁118，又見《沈從文文集》，同注②，第六卷，頁270。

⑨ 見原作（注⑦）此處沒新增加文字，見《沈從文小說選集》，頁16，及《沈從文文集》，頁267。

⑩ 原作此處沒有這一段，見前注⑦，頁160；增加文字，見《沈從文小說選集》，頁116，及《沈從文文集》，第六卷，頁267。

⑪ 《沈從文小說選集》，同注②，頁114；《沈從文文集》，同注②，頁265。

⑫ 王繼志，同注③，頁249。

⑬ 《沈從文文集》，第六卷，頁 259。

⑭ 同上注，頁 265。

⑮ Shen Congwen，*The Border Town and Other Stories*. Translated by Gladys Yang (Beijing: Panda Books, 1981)，其中所譯〈蕭蕭〉與〈丈夫〉都是根據1957年的修改本。

⑯ 參考凌宇《從邊城走向世界》(北京：三聯書店，1985)，頁80，226－228；王繼志《沈從文論》，同注③，頁248－251。

⑰ 凌宇《從邊城走向世界》，頁80，190及227。

⑱ 凌宇〈風雨十載忘年遊〉見《長河不盡流：懷念沈從文》(長沙：湖南文藝出版社，1989)，頁338。

⑲ 《沈從文文集》，第六卷，頁270；《沈從文選集》，頁163。

⑳ 見《沈從文選集》，頁 162，改過的版本，見《文集》，6：269－270。

㉑ 關於描寫都市文明侵入並毀滅農村的小說傳統，參考本人的分析，〈沈從文論魯迅：中國現代小說的新傳統〉見《魯迅仙台留學90周年紀念國際學術文化論文集》(仙台：東北大學語言文化學院，1994)，頁218－228。又見本書第四章。

㉒ 這些小說值得注意的是，都是在1929年完成的。這個時期的小說，都有這些共同的主題意義結構。

㉓ 《沈從文文集》，頁158及159，請與修改過的版本比較；《沈從文文集》，6：265，267。

㉔ 請參考王潤華〈從沈從文的「都市文明」到林燿德的「終端機文化」〉，見鄭明娳（編）《當代台灣都市文學論》（台北：時報文化出版公司，1995），頁11－38。又見本書第五章。

11.

沈從文散文小說〈靜〉中的三個寂靜的世界

一、一篇用「最純粹農村散文詩」寫的小說

沈從文在 1941 年回顧小說創作的經驗時，注意到「我寫的小說，正因爲與一般作品大不相同，人讀它時覺得還新鮮。」但沈從文的小說，尤其在藝術手法上，他知道「與流行見解不合，弄得大家莫名其妙了。」儘管如此，他還是「繼續用各種方式去試驗。」（〈短篇小說〉《文集》，12：122）①

關於沈從文的小說「與一般作品不大相同」之處甚多，這裡不能一一論及，其中打破小說文體之觀念是其一。②他自己承認，曾努力揉遊記散文和小說爲一體：

> 用屠格涅夫寫《獵人日記》方法，揉遊記散文和小說故事爲一，使人事凸浮於西南特有明朗天時地理背景中。一切還帶點「原料」意味，值得特別注意。十三年前我寫《湘行散記》時，即有這種企圖……這麼寫無疑將成爲現代中國小說一格，且在這格式中還可望有些珠玉發現。（〈新廢郵存底〉《文集》，12：67－68）

因此他稱讚這種嘗試是小說創作上的新突破：

原因之一是將文學限於一種定型格式中，使一般人以爲必如此如彼，才叫作小說，叫作散文，叫作詩歌。習慣觀念縛住了自己的一枝筆，無從使用……這工作成就，更無疑將與蘆焚、艾蕪、沙汀等作家，揉小說故事散文游記而爲一的試驗以外，自成一個新的型式。如能好好發展下去，將充滿傳奇性而又富有現實性……這種新的創作，不僅在「小說」上宜有新的珠玉產生，在女作家方面，也可望作到現有成績紀錄的突破……（〈新廢郵存底〉《文集》，12：63－64）

在〈論馮文炳〉一文中，沈從文說周作人試驗的「純粹的散文」將使世人難忘。受此影響，馮文炳（廢名）的小說文字便「一切皆由最純粹農村散文詩形式下出現。」（〈論馮文炳〉《文集》，11：100）在（夫婦）那篇小說中的後記（《文集》，8：393）中，他坦白承認受了廢名抒情小說之影響，在1940年寫的〈從冰心到廢名〉那篇文章中，沈從文稱讚廢名的散文體小說：

周作人稱廢名作品有田園風，得自然眞趣。文情相生，略近於所謂「道」。不黏不滯，不凝於物，不爲自己所表現「事」或表現工具「字」所拘束限制，謂爲新的散文一種新格式。《竹林的故事》、《橋》、《棗》，有些短短篇章，寫得實在很好。（《文集》，11：231）

因爲這也是他自己努力所追求的新的散文小說的一種新格式。沈從文自己從一開始寫小說，就「想試試綜合處理，看是不是能產生點散文詩的效果。」（〈沈從文散文選·題記〉《文集》，11：80）

沈從文的散文小說〈靜〉（1932）便是一篇揉散文和小說故事爲一的代表作。③這樣的作品，「成爲現代中國小說一格」，「自成一個新的型式」。〈靜〉的故事發生在抗日戰爭中。飽受離亂之苦的一家，包括母親、大嫂、姐姐、妹妹岳珉、姐姐的兒子北生及小丫頭翠雲。在逃難途中，武昌被日軍圍困，去上海與南京的船都不通，到了此地一個小城，便被困了四十天。每天總是要小丫頭翠雲作伴，派岳珉到小城的報館看新聞，打聽消息。母親有癆病，加上勞累過度而病倒了。爸爸是個軍官，在宜昌，哥哥也是個軍官，在北京，二哥在上海教書。被困在小城中的這家人每天都在焦急中等待三個男人的消息，希望他們派人來接他們離開。小說中的成人都沒有姓名，只有三個小孩有名字。

這篇小說一開始，便描寫這個逃難途中的家庭在一間舊房子裡的靜止生活。媽媽病重，天天吐血，大家不敢放聲說話。姐姐和大媳婦到外邊求神問卜去了，全家只有十四歲的岳珉和五歲的小侄北生，因爲年紀還小，沒有完全讓戰爭與家庭的困境破壞了他們對美好的憧憬。儘管小說是寫抗日戰爭中戰亂與死亡的恐怖，可是沈從文卻把戰爭帶來的毀滅與死亡的文字刪除掉，取而代之的，是中國錦鏽山河的景色。嚴肅沈重的主題，被有田園風的散文隱藏起來，沈從文就像屠格涅夫《獵人日記》中揉遊記散文小說故事爲一，「使人事凸浮於西南特有明朗天時地理背景中」。這也就是所謂「不粘不滯，不凝於物，不爲自己所表現『事』或表現工具『字』所拘束限制，謂爲新的散文一種新格式」。所謂「事」在〈靜〉中應指抗戰，戰爭種種罪行與破壞的力量；所謂「字」是指憤怒與詛咒的語言。可是沈從文沒有被其所限制，使用盛滿原料（景物）的散文代表了叫喊得聲嘶力竭的抗戰小說。

構成這篇抗戰小說的，不是傳統的人物、對話、故事情節。在〈靜〉中，所有成人都沒有姓名，由於病重的媽媽在沉睡中，大家都不敢說話，整篇小說，由一段段描寫農村寂靜的美的散文所取代。小溪河、廟、老人、小孩、菜園、農村男女老少的清朗說話聲，取代了小說的故事情節。沈從文說廢名小說文字「由最純粹農村散文詩形式下出現」，〈靜〉便是如此的一篇小說。

二、第一種「靜」：戰亂中毀去的農村和平靜穆的世界

沈從文眼中廢名小說的特點，很適合拿來解讀他自己的小說。在〈論馮文炳〉（1930）一文中，沈從文承認廢名的小說與他的很相同：「一則因爲對農村觀察相同，一則因背景地方風俗習慣也相同。」（《文集》，11：100）另外就是用「同一單純的文體」來寫小說，沈從文甚至列舉自己的《雨後》（短篇小說集）與《桃園》（長篇單行本）相似，他的單篇小說〈夫婦〉、〈會明〉與廢名的〈竹林的故事〉、〈火神廟和尚〉相同。下面二段文字，如果不知道作者是誰與篇名，會被誤以爲是在分析沈從文的小說，尤其是〈靜〉：

> 作者的作品，是充滿了一切農村寂靜的美。差不多每篇都可以看得到一個我們所熟悉的農民，在一個我們所生長的鄉村，如我們同樣生活過來那樣活到那片土地上。不但那農村少女動人清朗的笑聲，那聰明的姿態，小小的一條河，一株孤零零長在菜園一角的葵樹，我們可以從作品中接近，就是那略帶牛糞氣味與略帶稻草氣味的鄉村空氣，也是彷彿把書拿來就可以嗅出的。（〈論馮文炳〉《文集》，11：97）
>
> 作者……所採取的背景也仍然是那類小鄉村方面。譬如小溪河、破廟、塔、老人、小孩，這些那些……作者地方性強，且顯明表現在作品人物的語言上。按照自己的習慣，

使文字離去一切文法束縛與藻飾，使文字變成言語……
(〈論馮文炳〉《文集》11：98)

此外，沈從文與馮文炳都是「同樣去努力爲彷彿我們世界以外那一個被人疏忽遺忘的世界，使人有對於另一世界憧憬以外的認識。」(〈論馮文炳〉《文集》，11：100) 在國內混戰年年的歲月裡，「農村所保持的和平靜穆，在天災人禍貧窮變亂中，慢慢地也全毀去了。」(〈論馮文炳〉《文集》，11：101)

沈從文的〈靜〉這篇短篇小說的主題，便是呈現農村所保持的和平靜穆，在天災人禍貧窮變亂中，慢慢地也全毀去了。由於這個大家庭已被天災人禍、貧窮、變亂毀滅，小說中的成人的中國錦繡河山已破碎，因此作者讓和平靜穆的農村世界，由逃出沉悶可怕的屋內，走上屋外曬樓的小孩岳珉與北生的眼睛所看見。而岳珉與北生所見的和平靜穆的世界，也正如上引沈從文〈論馮文炳〉小說中的「農村寂靜的美」一樣，有一條河、一個菜園、熟悉的農民、破廟、小孩，請看下面岳珉爬上曬台所看到的景物，便是如此布置的：

㈠女孩子皺著眉嚇了他一下，便走過去，把小孩援上曬樓了。……曬樓後面是一道小河，河水又清又軟，很溫柔的流著。河對面有一個大坪，綠得同一塊大毯茵一樣，上面還繡得有各樣顏色的花朵。大坪盡頭遠處，可以看到好些菜園同一個小廟。菜園籬笆旁的桃花，同庵堂裡幾株桃花，正開得十分熱鬧。

㈡日頭十分溫暖，景象極其沉靜，兩個人一句話不說，望了一會天上，又望了一會河水。河水不像早晚那麼綠，有些地方似乎是藍色，有些地方又爲日光照成一片銀色。對岸那塊大坪，有幾處種得有油菜，菜花黃澄澄的如金子。另外草地上，有從城裡染坊中人曬的許多白布，長長的臥著，用大石塊壓著兩端。坪裡也有三個人坐在大石頭上放風箏，其中一個小孩，吹一個蘆管嗩吶，吹各樣送親嫁女的調子。另外還有三匹白馬，兩匹黃馬，沒有人照料，在那裡吃草，從從容容，一面低頭吃草一面散步。

㈢這河中因為去橋較遠，為了方便，還有一隻渡船，這渡船寬寬的如一條板凳，懶懶的擱在灘上。可是路不當衝，這隻渡船除了染坊中人曬布，同一些工人過河挑黃土，用得著它以外，常常半天就不見一個人過渡。守渡船的人，這時正躺在大坪中大石塊上睡覺，那船在太陽下，灰白憔悴，也如十分無聊十分倦怠的樣子，浮在水面上，慢慢的在微風裡滑動。

「為什麼這樣清淨?」女孩岳珉心裡想著。這時節，對河遠處卻正有製船工人，用釘錘敲打船舷，發出砰砰龐龐的聲音，還有賣針線飄鄉的人，在對河小村鎮上，搖動小鼓的聲音。聲音不斷的在空氣中蕩漾，正因為這些聲音，卻反而使人覺得更加分外寂靜。

㈣過一會，從裡邊有桃花樹的小庵堂裡，出來了一個小尼姑，戴黑色僧帽，穿灰色僧衣，手上提了一個籃子，揚長的越過大坪向河邊走來。這小尼姑走到河邊，便停在渡船上面一點，蹲在一塊石頭上，慢慢的捲起衣袖，各處望了一會，又望了一陣天上的風箏，才從容不迫的，從提籃裡取出一大束青菜，一一的拿到面前，在流水裡亂搖亂擺。因此一來，河水便發亮的滑動不止。又過一會，從邊城岸上來了一個鄉下婦人，在這邊岸上，喊叫過渡，渡船夫上船抽了好一會篙子，才把船撑過河，把婦人渡過對岸，不知爲什麼事情，這船夫像吵架似的，大聲的說了一些話，那婦人一句話不說就走去了。跟著不久，又有三個挑空籮筐的男子，從近城這邊岸上喚渡，船夫照樣緩緩的撑著竹篙，這一次那三個鄉下人，爲了一件事，互相在船上吵著，划船的可一句話不說，一擺到了岸，就把篙子釘在沙裡。不久那六只籮筐，就排成一線，消失到大坪盡頭去了。(《文集》，4：257－260)

在動亂的時代裡，遠方日本侵略軍的大炮正隆隆的轟炸中國的大地，這時候只有小孩還能「用平靜的心，感受一切大千世界的動靜，從爲平常眼睛所疏忽處看出動靜的美。」(〈論馮文炳〉《文集》，11：96) 在岳珉眼睛與耳朵裡出現的小尼姑一舉一動，正是「作者所顯示的神奇，是靜中的動，與平凡的人性的美。」(〈論馮文炳〉《文集》，11：97)

洗菜的小尼姑那時也把菜洗好了，正在用一段木杵，搗一塊布或是件衣裳，搗了幾下，又把它放在水中拖擺幾下，於是再提起來用力搗著。木杵聲音印在城牆上，回聲也一下一下的響著。這尼姑到後大約也覺得這回聲很有趣了。就停頓了工作，尖銳的喊叫：「四林，四林。」那邊也便應著：「四林，四林。」再過不久，庵堂那邊也有女人銳聲的喊著「四林，四林」，且說些別的話語，大約是問她事情做完了沒有。原來這就是小尼姑自己的名字！這小尼姑事做完了，水邊也玩厭了，便提了籃子，故意從白布上面，橫橫的越過去，踏到那些空處，走回去了。(《文集》，4：260－261)

站在曬台高處，岳珉放眼眺望遠方，春天太陽溫暖燦爛，河水悠悠地流，大草原的花盛開，看起來像一大片繡花的地毯。土地的大人小孩，包括動物如馬匹，都是自由快樂的，這些一一喚起中國錦繡山河的意象。中國農村上的人們生活原來是幸福的，如新娘騎馬過渡，尼姑喊自己的名字，聽其回音。可是從城市那裡，現代文明帶來的戰爭，毀壞了錦繡山河及土地美麗的生活。

沈從文讓岳珉聽見各種聲音：在河邊洗衣的小尼姑由於聽見搗衣的回音，便大聲喊叫自己的名字，聽聽名字的回音，對岸修船工人的敲打船舷聲、小販的叫賣聲、搖船的櫓聲，都在空中迴旋蕩漾，也就更顯得大地之安靜與和平，這與遠方日本侵略軍的槍炮聲、大地上傷亡者的悲號聲，形成強烈的對照。

三、第二種「靜」：天災人禍毀去的家的困境

第二種「靜」象徵這個逃難人家的困境。小說中，不斷重複斷了線的風箏。一開始小說便這樣寫：「什麼人家的風箏脫線了。」這個無主風箏落在隔壁人家天井裡。這個「從城裡不知誰處揚來的脫線風箏」便是這一家人流落異鄉，與家中男人失去聯絡，又不知何去何從的象徵。小說結束時，岳珉又看見一個風箏，像一個吃醉了的巡警，偏偏斜斜滑過去，隱隱約約還看見一截白線，很長的在空中搖擺。

小說的敍述雖是由第三人稱來處理，但實際上是岳珉的觀點。屋裡的沉靜，也是透過岳珉的眼睛所見描繪出來的。這種靜是死靜，因爲母親「靜靜的如一個死人」躺在床上而造成的。爲了不敢驚動她，先是姐姐和大嫂到外面求神，回來後，因爲沒有好預兆，很快便無言的躺下來休息，北生不久也睡著了。屋裡的沉靜是戰爭所帶來的。沈從文用這種「死靜」來控訴戰爭，它像大浪潮，一陣接著一陣的衝擊著岳珉。她與北生一直在逃避這種

死靜，但沉靜終於把她淹沒了。小說結束時，當姐姐、嫂嫂求神回來，媽媽醒過來時，她以爲家中會有點生氣和聲音，想不到沉靜更加沈重，因爲爸爸已戰死在戰場了。

這二種靜先後表現了沈從文所肯定的從魯迅到他自己的小說主題：「農村所保持的和平靜穆，在天災人禍貧窮變亂中，慢慢地也全毀去了。」

四、第三種「靜」：岳珉内心的寂寞世界

小說中第三個靜寂的世界，是岳珉心中的寂寞世界。她今年十四歲，不幸被寂寞驅趕著。小說一開始，由於媽媽睡著了，一來怕驚動她，二來因苦悶，便走上曬台瞭望。望見遼闊的大地，看見快樂的馬和人、自由的水和雲，更增加心裡的寂寞和苦悶，於是便想起上海的二哥怎麼還未來信，接她去讀書：

> 過了一會，想起這小尼姑的快樂，想起河裡的水，遠處的花，天上的雲，以及屋裡母親的病，這女孩子，不知不覺又有點寂寞起來了。(《文集》，4：261)

喜鵲的聲音、門鈴、姐姐與大嫂求神回來的說話聲，都給她極大的驚喜，但卻帶來更深沈的寂靜。她上樓眺望，實際上是代表她心裡有難於忍受的寂寞和急著實現的期望。岳珉眼中所見的前二種沉靜世界，代表「爲彷彿我們世界以外那一個被人疏忽遺忘的世界」，加以詳細的注解，她自己心中的寂寞，則暗示她「使人有對於另一世界憧憬以外的認識」。(〈論馮文炳〉《文集》，11：100)

五、沉靜，使作品產生魔力

沈從文小說作品中與抗日戰爭有關係的，還有很多篇，如

〈黑夜〉、〈動靜〉、〈主婦〉、〈早上——一堆土一個兵〉、〈鄉城〉、〈過嶺者〉、〈王嫂〉及〈小說及其他〉等，內容所寫都有抗日的題材與意識。沈從文在多篇討論小說與政治關係的文章中，曾批評許多抗日文學作品寫抗戰只爲了宣傳，忘了技巧，文學成爲政治與愛國的附庸。④沈從文這個理論，我們可了解，這篇小說〈靜〉中，爲什麼完全沒有出現抗日戰爭的字眼，卻能深入表現「農村所保持的和平靜穆，在天災人禍貧窮變亂中，慢慢地也全毀去了。」沈從文堅信要使作品產生魔力，「作炸藥」，就必須知道「如何安排作品」：

> 目前中國作者，若希望把本人作品成爲光明的頌歌，未來世界的聖典，既不知如何駕馭文字，盡文字本能，使其具有光輝，效力，更不知如何安排作品，使作品產生魔力，這頌歌，這聖典，是無法產生的。
>
> 人類高尚的思想，健康的理想，必須先溶解在文字裡，這理想方可成爲「藝術」。無視文字的德性與效率，想望作品可以作杠杵，作火炬，作炸藥，皆爲徒然妄想。
>
> 因爲藝術同技巧原本不可分開，莫輕視技巧，莫忽視技巧，莫濫用技巧。(〈論技巧〉《文集》，12：106-7)

〈靜〉不但奇妙的表現三種沉靜的世界，它也是一篇由高度技巧的「沉靜」手法來完成的藝術品。控訴戰爭種種罪行的抗日小說，原來是很現實同時擁有高尚思想的主題，但這些人類高尚情感思想都被沈從文先溶解在文字裡。我在前面曾引述沈從文論廢名的小說的話，他的作品「不黏不滯，不凝於物，不爲自己所表現『事』或表現『字』所拘束限制，謂爲新的散文一種新格式。」沈從文似乎是爲肯定自己的〈靜〉這類散文體小說而說的。這裡的「事」是詛咒抗日戰爭，「字」該是憤怒激昂的反日情緒語言。可是爲了藝術效力，沈從文不得不把憤怒藝術化，把它隱藏在農村靜穆和平裡。沈從文特別肯定魯迅小說中的「沉靜」：

> 在《吶喊》上的《故鄉》與《彷徨》上的《示衆》一類作品，説明作者創作所達到的純粹，是帶著一些憂鬱……畫出都市與農村的動靜。作者的年齡，使之成爲沉靜……

因此沈從文否定小說中的憤怒，說它毀壞了羅黑芷、郭沫若，甚至自己的一些小說，⑤因爲憤怒能毀壞作品中的文字及其他藝術結構：

> 羅黑芷……作者是過份爲所要寫的感到憤怒，又缺少魯迅的冷靜，所以失敗了。（〈論施蟄存與羅黑芷〉《文集》，11：110）
>
> 爲憤怒（生活的與性格的兩面形式），使作品不能成爲完全的創作，對於全局組織的無從盡職，沈從文一部分作品中也與之有同樣的短處。（《文集》，11：112）

沈從文比較施蟄存與羅黑芷時，他認爲前者成功，因爲施蟄存寫小說時，「以一個自然詩人的態度，觀察一切世界姿態」，造成他的小說「交織著詩的和諧」。（《全集》11：108），後者失敗是因爲「抒情描寫部分太少，感想糾紛太多」（《全集》，11：110），加上「憤怒」，羅黑芷「便使作品不能成爲完全的創作」。

沈從文的〈靜〉便是「交織著詩的和諧」的一篇由「最純粹農村散文詩」創作的小說。

注釋

① 本文中沈從文作品引文，取自《沈從文文集》共12冊（廣州花城與香港三聯書店聯合出版，1982－1985），爲了省略，以下稱爲《文集》，並在引文末以12：122方式注明卷數與頁碼。

② 見本書中〈沈從文小說創作的理論架構〉一文中有詳細的論析。

③ 〈靜〉作於1932年3月，刊於同年5月的《創作月刊》創刊號上，小說見《文集》，4：256－65。

④ 關於這方面的討論，見吳立昌《沈從文作品欣賞》（南寧：廣西教育出版社，1988），頁5，及吳立昌《沈從文：建築人性神廟》（上海：復旦大學出版社，1991），頁69－113。

⑤ 參考本書中〈從艾略特「詩人批評家」看沈從文的文學批評〉一文。

附錄

沈從文研究
重要參考書目解題

沈從文的重要研究雖然到了八十年代才出現，在短短的十五年內，世界各國的中國現代文學學者，爭先恐後的互相競爭研究沈從文，因此研究沈從文時需要用到的書，也日益增加。下面是我自己常用的資料，順手編寫出來，對開始探討沈從文的學者，應有參考之價值。

我將這些資料分成六大類。⑴沈從文傳記·生平史料·生平年表；⑵沈從文的著作：文集·選集目錄；⑶沈從文研究專著；⑷沈從文作品研究資料目錄；⑸高級學位論文；⑹沈從文作品英文譯本。每一類中的書目都是根據出版年代先後排列，因此這篇簡要的目錄說明了沈從文研究的歷史概要。

一、沈從文傳記·生平史料·生平年表

㈠荒蕪編《我所認識的沈從文》（長沙：岳麓書社，1986）

本書收集了世界各國學者對沈從文的回憶、懷念及研究文章，共三十六篇，從傳記生平資料到作品分析，都有所涉及。

㈡凌宇《沈從文傳：生命之火長明》（北京：北京十月文藝出版社，1988）

凌宇是中國大陸沈從文研究的開拓者，也是最有成就之一的沈從文專家。這本沈從文傳，把作家的許多心路歷程、生活經歷，坦誠眞實的寫了出來，由於作者有接觸沈從文的機會，本書

有許多一手的傳記資料，也提供了許多寶貴的見解。

㈢**吉首大學沈從文研究室編《長河不盡流》**（長沙：湖南文藝出版社，1989）

本書收集了中國及海外作家學者懷念沈從文的文章，那是1988年 5 月10日沈從文逝世後引起的追悼懷念，許多文章吐露眞言，對了解沈從文的1949年後的政治困境，很有參考價值。

㈣**符家欽（譯），金介甫（著）《沈從文傳》**（長沙：湖南文藝出版社，1992）

此書爲 Jeffrey Kinkley 的原著 *The Odyssey of Shen Congwen*（1987）之中譯，雖是全譯本，原書有些冒犯大陸官方的言論，也被省略掉，如金介甫原書第113頁最後七行及114頁首三行，在中譯本中都顯然的故意被删減，這是出於政治的考慮（見中譯本106頁倒數第三、四行處）。書末所譯的參考書目及沈從文著作年表，很有參考價值，此書另有一版本由北京時事出版社1991年出版。

㈤**吳立昌《人性的治療者：沈從文傳》**（台北：業強出版社，1992）

本書作者雖然未與沈從文有個人來往，書中對沈從文的文學創作世界與他的個人生活，聯繫起來加以詮釋，卻有很深入的解剖，譬如第二章〈認定自由主義文學之路〉，便是佳例。

㈥**李輝《恩怨滄桑：沈從文與丁玲》**（台北：業強出版社，1992）

這是研究沈從文與丁玲關係的專書，作者以事實爲依據而又不乏眞知灼見。

㈦**符家欽《沈從文故事》**（北京：中國友誼出版公司，1993）

作者自稱是一本述而不作之書，算是美國學者金介甫與作者的合作產品，因爲主要資料取自金介甫《沈從文傳》中的646條腳注。

(八)彭曉勇編《邊城聖手：沈從文》（北京：中國青年出版社，1994）

前面四章是有關沈從文的寫作生活，最後一章「雋語篇」是沈從文的語錄。適合初學者閱讀，會有所啓發。

(九)吴立昌〈沈從文年表〉，見《沈從文作品欣賞》（南寧：廣西敎育出版社，1988），頁223－241。

此年表將沈從文重要的生平大事及重要小說、散文、評論作品，包括集子或單篇，從1902年至1985年，根據年月日先後排列。

(十)邵華強〈沈從文年譜簡編〉，見《沈從文研究資料》（廣州：花城出版社；香港：三聯書店，聯合出版，1991）下集，頁905－1012。

此年譜自1902（生）年至1982年（80歲）止，雖是簡編，事項詳細，對出版文集或文章之年月日都有記載。

二、沈從文的著作：目錄·文集·選集

(一)北京圖書館書目編輯組編《中國現代作家著譯書目》（北京：書目文獻出版社，1982）上下冊。

這本書目收集範圍自五四時期至1981年底止，所收圖書以見到的爲限。所收作家的文學作品包括創作及其他專著單行本、選集等。沈從文部分見上冊，頁315－324。

(二)Jeffrey C.Kinkley（金介甫）"A Chronological Listing of Shen Congwen's Works, by Date of Publication", *in The Odyssey of Shen Congwen* (Stanford:Stanford University Press, 1987),pp.388－438.

這篇沈從文著作年代（1924－1985），是作者在邵華強的協助下編纂，特點是把沈從文每一篇作品、每一本文集的出版根據年月日之先後編排，同時再版的著作篇章都注明有沒有經過刪改，沈從文作品之英文或其他外文翻譯也包括進年表中。此表附錄在《沈從文傳》之書末，頁387－438，中文翻譯此年表見符家欽譯《沈從文傳》（長沙：湖南文藝出版社，1992），見頁380－429。在中譯本的年表前，金介甫對沈從文因政治考慮而刪改作品的所作評論的前言全沒譯出（刪掉）。

㈢**邵華強〈沈從文總書目〉見《沈從文研究資料》**（廣州：花城出版社；香港：三聯書店，聯合出版，1991）下集，頁1013－1046。

這篇書目包括1920年至1983年間的文集與選集，每本書的內容（篇名）都一一列出。

㈣**《沈從文小說選集》**（北京：人民文學出版社，1957）

這是1949年以後至1957年，大陸唯一出版的沈從文在1949年前的小說集。（其他文類也沒再版），這是由人民文學出版社組織編選的，計29萬餘字，共收22篇小說。沈從文雖然還為這本選集寫了一篇〈選集題記〉，並不代表他的選擇，因此沈從文在題記中暗地隱藏著這一句話：「習作中文字風格比較突出，涉及青年男女戀愛抒情事件，過去一時給讀者留下印象的，怕對現在讀者無益有害，大都沒有選。」小說篇末都有注明1957年「校正」、「改字句」，或「重校」，這些字眼絕不是糾正錯別字或句子潤飾，主要是政治刪改。所以這本1957年的《沈從文小說選集》是目前各種被政治教條修改過的版本的主要源頭。這二十二篇小說篇目為：〈阿金〉、〈蕭蕭〉、〈牛〉、〈會明〉、〈紳士的太太〉、〈丈夫〉、〈煙斗〉、〈菜園〉、〈燈〉、〈新與舊〉、〈黑夜〉、〈三三〉、〈泥濘〉、

〈生〉、〈邊城〉、〈過嶺者〉、〈顧問官〉、〈大小阮〉、〈失業〉、〈生存〉、〈王謝子弟〉及〈貴生〉。

(五)**沈從文《龍鳳藝術》**（北京：作家出版社，1960）

這是沈從文的文物論文集，論題有織金錦、湘西苗族的藝術等二十四條目。

(六)**湘潭大學中文系現代文學教研室編《沈從文散文選》**（長沙，湖南人民出版社，1981）

散文作品包括 1949 年以後所寫的新作。

湘潭大學中文系現代文學教研室編《沈從文小說選》

(七)**沈從文編著《中國古代服飾研究》**（香港：商務印書館，1981）

沈從文在 1949 年後停止小說創作，在北京故宮文物館專心文物研究，這是他的論述總集，共有一七四條目，從商代墓葬中玉石陶銅人形到清代絲綢。

(八)**凌宇編《沈從文小說選》上下二集**（北京：人民文學出版社，1982）

這本小說選共收 55 篇小說，基本上是《沈從文小說選集》(1951) 的擴大本，原來的 22 篇小說，除了〈生存〉一篇例外，全部收入，而且所根據的版本，都是《沈從文小說選集》裡1957年政治性刪改的版本。至於那些新加入的小說，也難逃政治無情的大刀剪。雖然1982年，大陸的文藝已經比較自由化了。雖然編者在〈編後記〉中承認「選集中一些篇章，徵得作者同意，個別地方作了些許刪節」。這裡所謂「同意」其實是強迫性的。

(九)**凌宇編《沈從文選集》共五卷**（成都：四川人民出版社，1983）

這本選集內容與《沈從文文集》凌宇所編部分大同小異，第一卷爲散文，第五卷評論，其餘三卷爲小說。在《文集》中被淘汰者，在本選集也沒收入。

㈩**《花城》編輯部編《神巫之愛》**（廣州：花城出版社，1983）

本書收集沈從文早期的短篇小說、中篇小說和散文三十六篇。

⑪**邵華強、凌宇編《沈從文文集》共十二卷**（香港三聯、廣州花城，1982－1985）

這本《文集》分小說八卷、散文二卷、文論二卷，共十二卷。所收作品，凡是《沈從文小說選集》（1957）及《沈從文小說選》（1982）刪改過的小說，全部錄用，另外許多小說論文也經過刪改，一些文字，如《沫沫集》，把1934年大東書店初版的篇章更換了許多，由於像〈論郭沫若〉等篇攻擊了當權者，或與文藝政策不符合，因此被調換。許多重要文集，如《看虹集》、《摘星錄》及許多重要小說及論文，都未收錄，全是出於政治考慮。這是目前研究沈從文最常引用的版本，其嚴重性常不為學者覺察。

⑫**沈從文《沫沫集》**（上海：上海書店，1987）

這是翻印 1934 年上海大東書局的原版書。此書所收集之篇章與《沈從文文集》有極大不同。由於政治考慮，後者抽去前者六篇，另補六篇，另外再增六篇，因此《沈從文文集》中的《沫沫集》共有十八篇，只有六篇與初版時相同。

⑬**《花城》編輯部編《沈從文中短篇小說選》**（廣州：花城出版社，1991）

本書所選小說以 1957 年人民文學出版社的《沈從文小說選》的二十二篇刪改過的作品為基礎，再增加十多篇，共三十三篇，篇末注明所採用的小說之出處，如〈雨後〉「原載 1928 年上海春潮書店版《雨後及其他》」或如〈菜園〉，「原載1957年北京人民文學出版社版《沈從文小說選集》，此外也注明作者第一次發表之刊物或第一次所收集的小說集。

㈣湘潭大學中文系現代文學教研室編《沈從文小說選》（長沙：湖南文藝出版社，1981初版，1992第二版）

共選小說二十一篇，原是1981年湖南人民出版社所出版《沈從文小說選集》之再版，有沈從文之〈題記〉，寫於1981年。

㈤劉一友、向成國、沈虎雛（編），《沈從文別集》共二十冊（長沙：岳麓書社，1992）

每本選集前面，增加一些近年搜集整理出來的，大部份未發表過的文章，有雜感、日記等文體。

㈥凌宇編《沈從文卷》（香港：商務印書館，1994）

這本選集，以年代先後，收集了沈從文各類文體的作品，包括筆記、小說、自述、哲學散文、論述等，甚至還包括文物之研究文章。有些文章如〈看虹摘星錄〉爲過去選集所未敢收入的，另外〈柏子〉也採用了未經刪改的版本。

㈦范橋等編《沈從文散文》共四冊（北京：中國廣播電視出版社，1994）

全書共有十二卷，分四冊，收集了早期自《湘行散記》以及晚年藝術文物談的文章，其中也包括文學論述的文章。

㈧沈從文、張兆和《從文家書：從文兆和書信選》（上海：上海遠東出版社，1996）

本書所收包括 1930 至 1963 年的日記、書信及雜著。

㈨《沈從文全集》

張兆和主編《沈從文全集》（北岳出版社，1996?）至今尚未見到，根據編委之一的凌宇說，全集共二十一卷，全面採用未經政治刪改的作品，同時沒有政治考慮，收集所有現存之作品。

三、沈從文研究專著

㈠**C.T.Hsia，*A History of Modern Chinese Fiction 1917－1957***
(New Haven：Yale niversity Press，1961)

夏志淸的這本《中國現代小說史》中，其中有一章專論沈從文（頁189－211），是歐美以文學分析沈從文作品，給予應有之崇高評價的開始，因此影響了七、八十年代的沈從文研究。書末參考書目有沈從文於1949年出版的作品目錄及翻譯書目，此書有中譯本：劉紹銘譯《中國現代小說史》（台北：傳記文學社，1979）

㈡**Hua－ling Nieh，*Shen Ts'ung－wen*** (New York：Twayne Publishers，1972)

聶華苓這本以英文撰寫的《沈從文研究》，前六章及第十章爲生平研究，第八及第九章分析沈從文小說的人物與主題意象與風格，很有見地。爲以文學分析來研究沈從文開拓一條新道路。

㈢**凌宇《從邊城走向世界：對作為文學家的沈從文的研究》**（北京：三聯書店，1985）

凌宇是中國大陸最早以嚴肅的態度，以文學分析來研究沈從文的學者，此書可說是1949年以來，也是有沈從文研究以來第一本重要著作，作者對沈從文的文學思想與小說散文之創作，都有所剖析與評論。

㈣**小島久代〈沈從文文學的「常」與「變」：〈邊城〉與〈長河〉論〉見《東洋文化》第45期**（1985年 3 月），頁157－189。

㈤**趙園〈沈從文構築的湘西世界〉《論小說十家》**（杭州：浙江文藝出版社，1987）

本文又見《文學評論》1986年第 6 期。

(六)**Jeffrey Kinkley, *The Odyssey of Shen Congwen*** (Stanford: Stanford University Press, 1987)

全書共分七章，是研究沈從文生平思想的第一本重要著作。作者透過研究沈從文的生平來了解湘南地區，同時也嘗試分析沈從文的文學歷程及其文學思想。作者對沈從文的文學作品與文學思想的見解最有突破性的解讀，對以後研究沈從文小說與文學理論很有啓發性。書末所附錄參考書目及沈從文著作年表（1924－1985）很有參考價值。目前此書有兩種譯本：符家欽譯《沈從文傳》（長沙：湖南文藝出版社，1992），此是全譯本。

(七)**小島久代〈沈從文初期作品（1924－27）總介〉**，見《明海學外國語學部論集》1988第一集，頁122－107。

(八)**吳立昌《沈從文作品欣賞》**（南寧：廣西教育出版社，1988）

本書收集了沈從文十篇小說及散文，每篇作品前提供一篇導讀文章，書末所附錄沈從文年代，有參考價值。作者所依據的沈從文作品，如〈丈夫〉、〈柏子〉、〈新與舊〉爲經過政治考慮而修訂删改過的版本，如〈新與舊〉中「處決兩個不法之徒」，改成「處決兩個共產黨」，因此其結論常有爲官方所接受而急於替沈從文辯白之嫌。以整體而論，對初讀沈從文的人，很有參考價值，此書在台北重印時，改書名爲《中國新文學大師名作賞析：沈從文》（台北：海風出版社，1992）

(九)**趙學勇《沈從文與東西方文化》**（蘭州：蘭州大學出版社，1990）

本書把沈從文置于當時的世界大文化背景中去審視，研究其作品中的文化與心理結構。

(十)**吳立昌《沈從文——建築人性神廟》**（上海：復旦大學，1991）

本書對沈從文的小說創作和理論的解剖分析，很有深度，其中第九至第十二章，對沈從文描寫性愛小說之分析，很有見地。

(十一)**Wendy Larson，*Literary Authority and the Modern Chinese Writer：Ambivalence and Autobiogrephy*** (Durham：Duke U.P.，1991)

本書第三章專門討論沈從文與巴金對現代社會的反抗精神。

(十二)**河東編《沈從文妙語錄》**（北京：中國廣播電視出版社出版，1992）

這本沈從文語錄包括人生、文學等問題，每一段語錄都有注明出處。

(十三)**王繼志《沈從文論》**（南京：江蘇教育出版社，1992）

這本專論是目前已出版著作中較有見解者，其中三章〈沈從文小說論〉、〈沈從文散文論〉及〈沈從文藝術風格論〉對沈從文之創作與小說現論作了深入的解剖與詮釋。

(十四)**賀興安《沈從文評論：楚天鳳凰不死鳥》**（成都：成都出版社，1992）

本書研究重點落在沈從文的作品及評論文字，共有八章，其中對〈邊城〉、〈長河〉及有關沈從文文物研究諸章之分析甚佳。

(十五)**李輝《恩怨滄桑：沈從文與丁玲》**（台北：業強出版社，1992）

這是一本以事業爲依據，考證沈從文與丁玲的種種關係。

(十六)**David Der－wei Wang，*Fictional Realism in 20th Century China：Mao Dun，Lao She，Shen Congwen*** (New York：Columbia Universty Press，1992)

王德威在這本專著《二十世紀中國的寫實虛構：茅盾、老舍、沈從文》中，力圖強調文學的寫實主義不能，也不應該，化約爲一種聲或模式。魯迅的寫實作品，已富有多聲複義的潛質。茅盾的歷史政治小說、老舍筆中帶淚的鬧劇及悲情小說，還有沈從文的鄉土及抒情小說，更見證了寫實這一文類衆聲喧嘩的現象。

(七)趙園編《沈從文名作欣賞》（北京：中國和平出版社，1993）

這本書共有22篇沈從文短篇小說名篇的分析，散文9篇，長篇小說三篇（節錄），並附錄所分析之原文。執撰稿學者包括吳福輝、趙園、凌宇、溫儒敏、陳思和等廿一人。多數鑒賞文章見解新穎，唯一可惜許多沈從文的原作仍根據因政治考慮而刪改過的原文，如〈菜園〉便是一例。書末附有〈沈從文作品要目〉及〈沈從文研究資料目錄索引〉。

(八)David Wang(ed.), *From May Fourth to June Fourth: Fiction and Film in Twenieth - Century China* (Cambridge, Mass: Harvard U.P., 1993)

這本由王德威主編，討論 中國小說與電影的書有二篇文章分別由王德威與 Jeffrey Kinkley 執筆，有論及沈從文。

(九)關克倫編《沈從文讀人生》（北京：中國青年出版社，1994）

本書根據一些話題如「智慧之光：小書與大書」、「人生的魔方：索解與思考」來編選的沈從文的語錄。引文多摘自刪改過的五十年代以來的新版沈從文文集。

(廿)Peng Hsiao - yen（彭小妍）, *Antithesis Overcome: Shen Congwen's Avant - Gardism & Primiticism* (沈從文的前衛風格與原始精神) (Taipei: Institute of Chinese Literature & Philosophy, Academia Sinica, 1994)

本書是作者1989年哈佛大學博士論文，從前衛風格與原始精神來研究沈從文的佛教故事、苗族傳奇故事、鄉土小說及都市小說。

(廿一)城谷武男《〈邊城〉校異考》《北海學園大學學園論集》第69－

81號（1991年7月至1994年9月），共十二集

作者根據各種版本的《邊城》，考證比較各種差異的文句，並有作者的評論與注釋。

㈢**王潤華《每種花都包含著回憶與聯想：沈從文小說中的野花解讀》**（新加坡：新加坡國立大學中文系，1995）

本文探討野花經常出現在沈從文小說中的象徵意義。這些野花多數在枯萎中，那是暗示自然生命，在現代文明摧殘下的愛情，都逐漸失去生機。當大地上自然的花朵枯萎，人類也就失去美好的生活，因此現代都市人都病了。

㈣**韓乏群《沈從文論：中國現代文化的反思》**（天津：天津人民出版社，1994）

作者從文化角度來研究沈從文的作品，他把沈從文看作對中國現代文化的反思者。書中很多新意。

四、沈從文作品研究資料目錄

㈠**Donald Gibbs and Li Yun－chen，*A Bibliography of Studies and Translations of Modern Chinese Literature 1918－1942*** (Cambridge, Mass:Harvard University Press, 1975)

這本由季博思與李芸貞所編的《中國現代文學目錄》，在沈從文條目下，把西方與澳州所出版的研究論述、翻譯及高級學位論文分類列出。此書出版於1975，八十年代以後者沒有收錄。

㈡**《沈從文著作及研究資料》**（香港：實用書局，1978）

這本資料集爲複印報刊雜誌而成，也有複印自個別作者的文集，這些資料有出自中台港及東京南亞各地的報刊雜誌與書籍，十二開大本，共100頁。

㈢**Winston Yang and Nathan Mao．*Modern Chinese Fiction*：*A***

Guide to Its Study and Appreciation：*Essays and Bibliographies*(Boston：E.K Hall & Co, 1981)

本書沈從文部分見 201 至 204 頁，所收書目包括翻譯與研究兩類的資料。

㈣小島久代〈沈從文研究在日本〉見《吉首大學學報》（1986年第四期，頁16－26）

小島久代把 1986 年以前十多年間日本的沈從文研究有深度的分析其成果，也是一篇重要的書目。

㈤Jeffrey C.Kinkley "Selected Bibliography", in *The Odyssey of Shen Congwen* (Stanford：Stanford University Press，1987) ,pp. 367－385

金介甫這篇沈從文研究參考書目是附錄在《沈從文傳》的書末。所列的有關沈從文評論文章爲1980年代前所發表者，相當完整，是該書出版時最完整的資料目錄，中英文專書與單篇都有收錄，也有少數日文或其他外文資料，此參考書目也見符家欽譯《沈從文傳》（長沙：湖南文藝出版社，1992)，頁365－379。

㈥Chang Sheng－tai（張盛泰）"Work Cited" in "Geomoral Landscapes：The Regional Fiction of William Faulkner and Shen Congwen," Ph.D.dissertation，University of Southern California，1993.

張盛泰這本博士論文的所列參考書目，是目前比較完整收錄了近十年視野評論較好的中英文研究論文。

㈦邵華強編《沈從文研究資料》（廣州：花城出版社；香港：三聯書店，聯合出版，1991）上下二集

這二本資料集收集了自1924年至1980年發表的研究沈從文的評論文字，作者包括國內外華人、日本、歐美澳學者，共有六十

多人，反映了在1980年底以前，世界各國對沈從文的研究，同時說明大陸在1949至1980年初以前，這方面的研究幾乎是一片空白。第二集中的〈沈從文年譜簡編〉、〈沈從文總書目〉、〈沈從文作品英譯目錄〉及〈沈從文研究資料目錄〉，是目前難得的珍貴資料，均由邵華強編纂。

(八)邵華強〈沈從文研究資料目錄〉見《沈從文研究資料》（廣州：花城出版社；香港：三聯書店，聯合出版，1991），下集，頁1055－1095。

所收集之篇章包括專書與單篇論文，或文學史之章節，自1924至1985，地區以大陸、港、台爲主。

(九)邵華強〈沈從文作品英譯目錄〉見《沈從文研究資料》（廣州：花城出版社；香港：三聯書店，聯合出版，1991），下集，頁1047－1054。

編者將沈從文的外文翻譯專集或單篇作品，全收集進這目錄裡。

(十)孫立川、王順洪編《日本研究中國現當代文學論著索引，1919－1989》（北京：北京大學出版社，1991）

這本論著索引，在沈從文部分（頁258－259），將日本漢學界研究沈從文的資料，分成日文翻譯沈從文作品與研究二類，按年代先後編排。

五、高級學位論文

(一)Lillian C.M.Chu "The Long River by Shen Ts'ung－wen：Introduction and Partial Translation," M.A thesis, Columbia University, 1966.

(二)Anthony Prince, "The Life and Works of Shen Ts'ung－wen,"

Ph.D.dissertation, University of Sydney, 1968.

(三)William MacDonald " Characters and Themes in Shen Ts'ung - wen," Ph.D.dissertation, University of Washington, 1970.

(四)Jeffrey Kinkley, "Shen Ts'ung - wen's Vision of Republican China," Ph. D.dissertation, Harvard University, 1977.
(有中譯本，邵華強，盧建華《沈從文筆下的中國》)

(五)Peng Hsiao - yen (彭小妍), "Antithesis Overcome: Shen Ts'ungwen's Avant - Gardism and Primitivism," Ph D.dissertation, Harvard University, 1989.

(六)Chang Sheng - tai (張盛泰) "Geomoral Landscapes: The Regional Fiction of William Faulkner and Shen Congwen," Ph.D.dissertation, University of Southern California, 1993.

(七)劉秀美《沈從文的散文研究》，新加坡國立大學中文系榮譽論文，1989。

(八)余平光《沈從文的鄉土小說》，新加坡國立大學中文系碩士論文，1989。

(九)黃奕生《沈從文的文論研究》，新加坡國立大學中文系碩士論文，1993。

(十)許順良《沈從文小說中人物的死亡及其主題意義》，新加坡國立大學中文系榮譽論文，1994。

(二)梁其功《沈從文作品中城鄉主題的比較研究》，新加坡國立大學中文系碩士論文，1994。

(三)梁定杏《沈從文的苗族傳奇小說研究》，新加坡國立大學中文系碩士論文，1995。

六、沈從文作品：英文譯本

(一)**Ching Ti and Robert Payne (Translated)**, ***The Chinese Earth*** (London:George Allen & Unwin, 1947)

金隄與羅伯特·白恩合作的英譯沈從文小說，共有十四篇，原作由沈從文親自挑選。這十四篇是：〈柏子〉、〈燈〉、〈丈夫〉、〈會明〉、〈三三〉、〈月下小景〉、〈媚金·豹子·與那羊〉、〈三個男子和一個女人〉、〈龍朱〉、〈夫婦〉、〈十四夜間〉、〈大王〉、〈看虹錄〉、〈邊城〉。這本《中國大地：沈從文的小說》既是沈從文個人在1947時所自選之代表作，表示1949年以後出版的選集如《沈從文小說選集》（1957）的小說，許多不是他所喜歡的，是別人因政治考慮而替他選錄。怪不得他在〈選集題記〉中說：「習作中文字風格比較突出，涉及青年男女戀愛抒情事件，過去一時給讀者留下印象的，怕對現在讀者無益有害，大都沒有選。」像〈看虹錄〉，1982年至85年出版的《沈從文文集》也不敢收錄進去。

(二)**Gladys Yang (tr.)**, ***The Border Town and Other Stories*** (Beijing:Panda Books, 1981)

這本《邊城及其他》爲戴乃迭（楊憲益夫人）所譯，包括〈邊城〉、〈蕭蕭〉、〈丈夫〉及〈貴生〉。

(三)**Gladys Yang(tr.)**, ***Recollections of West Hunan*** (Beijing:Panda Books, 1982)

這是戴乃迭所英譯的沈從文散文集，共有十二篇。

(四)**埃德加·斯諾（編）《活的中國》：現代中國短篇小說選**（長沙：湖南人民出版社，1983）

這本書原是 Edgar Snow 的 *Living China*:*Modern Chinese*

Short Stories(London:George Harrap and Co., Ltd, 1936)的中譯本，由於出版時間在1936年，它的選擇不太受政治影響，因此相當客觀反映當時西方學者對中國作家之評價。書中所附錄之資料，如有關斯諾與魯迅之談話，特別後者對沈從文、郁達夫、老舍等人之重視，很引起重視。

(五)**Jeffrey Kinkley (tr.),** ***Imperfect Paradise: Stories by Shen Congwen*** (Honolulu:University of Hawaii Press, 1995)

這是Jeffrey Kinkley英譯的沈從文小說集。金介甫著有《沈從文傳》一書。